수명이 다하느냐,
돈이 다하느냐,
그것이 문제로다!

JUMYOGA TSUKIRUKA, KANEGA TSUKIRUKA,
SOREGA MONDAIDA
© SARA KOKAJI 2022

Originally published in Japan in 2022 by WAVE Publishers Co., Ltd.,
Traditional Korean translation rights arranged with WAVE Publishers Co., Ltd.,
through TOHAN CORPORATION, and EntersKorea Co., Ltd., SEOUL.

이 책의 한국어판 저작권은 (주)엔터스코리아를 통해
저작권자와 독점 계약한 월컴퍼니가 소유합니다.
저작권법에 의하여 한국 내에서 보호를 받는 저작물이므로
무단전재와 무단복제를 금합니다.

수명이 다하느냐, 돈이 다하느냐, 그것이 문제로다!

공감으로 고개가 절로 끄덕여지는 돌봄 에세이

코가지 사라 지음 | 김진아 옮김

WILLSTYLE

프롤로그

'어린이집 입학에 떨어졌어. 일본 망해라!!'

어린이집 입학 선발에서 떨어진 한 어머니가 블로그에 자신의 분노를 글로 올렸고, 같은 처지에 처한 사람들로부터 공감을 얻은 지 벌써 수년째다.

'노인 요양원에 들어갈 수가 없잖아. 그럼 대체 누가 노인을 보살피라는 거야!'

초고령 사회에 돌입한 지 이미 오래된 일본. 이제는 그렇게 소리치고 싶은 사람도 적지 않을 것이다.

나이 많은 부모님을 요양원에 보내고 싶어도 빈자리가 없어 들어갈 수가 없다. 빈자리가 있다고 하더라도 입소 비용을 마련할 수 없어서 또 못 들어간다. 아무리 돈이 있어도 만

성적인 요양사 부족으로 받아주는 곳도 잘 없다….

그뿐만 아니라 본인이 요양원에는 절대로 가고 싶지 않다는 등, 노인의 돌봄 문제는 어떤 의미에서 보자면 '어린이집 입학 탈락'보다 더 심각할지도 모른다.

육아에는 유치원, 학교 등 입학 시기의 구분이 있다. 어린이는 나이를 먹어가면서 할 줄 아는 것이 늘어나고, 곧 자립한다. 그리고 그걸 바라보는 부모는 자식의 성장을 기뻐하고 흐뭇해한다.

그러나 노인 돌봄은 정반대다. 끝이 보이지 않는 데다가, 노인은 못 하는 일이 점점 더 많아질 뿐이다.

돌봄 생활이 10년, 20년 장기화하는 일도 드물지 않은 요즘, 돌봄으로 인해 파산에 빠진 사람은 늘어나기만 한다. 고령의 부모님이 있는 가정에서 누가 노부모를 돌볼 것인가는 참으로 절실하고 골치 아픈 큰 문제가 아닐 수 없다.

나 역시 치바현 한구석에 자리한 고향으로 U턴 이주한 이후로, 92세의 아버지와 90세의 어머니, 게다가 사식이 없는 89세의 이모 부부에게 시달리느라,

'이런 상황이 계속된다면 내가 먼저 죽을지도 몰라!'

라고 소리치고 싶을 정도로 정신없는 나날을 보내고 있다.

어쨌든 간에 무려 네 명이다. 노인이 늙으면서 생기게 되는 여러 문제가 네 분마다 각양각색으로 내 앞을 가로막는다. 게다가 오랜 사회생활을 통해 얻은 경험도, 쌓은 기술도, 일반 상식도, 논리도, 그 어떤 것도 이 네 분에게는 전혀 통하지 않으니 보통 힘든 일이 아니다.

우선은 네 분의 각 성격과 노후 상황에 대해 가볍게 설명하겠다.

참가 번호 1번, 요개호*1에 해당하는 아버지 시게오(가명). 신경질적이고 성미가 급해, 한 번 무언가에 집착하기 시작하면 그것이 해소될 때까지는 온갖 노력을 동원해도 절대로 말을 듣지 않는다. 시력 검사에 걸려 84세에 운전면허증을 반납한 뒤로는 병원 갈 때를 제외하고는 전혀 외출하지 않고, 술이 유일한 낙인 술꾼 생활을 하고 있다.

참가 번호 2번은 마찬가지로 요개호 1에 해당하는 어머니 미쓰요(가명). 허세가 심하고 낭비벽이 있으며, 외출하는 것

---

* 요개호(要介護) : 일본의 개호보험법으로 정의되는 사항으로, 요개호는 1~5까지 인정 등급이 있다. 요개호는 신체상 혹은 정신상 장애가 있어 목욕, 배설, 식사 등의 일상생활 전반에 상시 돌봄이 필요한 상태를 의미한다.

을 좋아한다. 매일 뭔가 사다 나르는 데 열을 올린다. 드센 성미만큼은 국보급이다. 다리와 허리의 힘, 청력, 기억력과 이해력은 상당히 쇠퇴했음에도 여전히 자기 현시욕이 무서울 정도로 강하다. 무슨 말이라도 하려고 하면, 마치 이쪽에 잘못이 있는 것처럼 눈을 치켜뜨고, 독설을 퍼부으며 달려든다.

참가 번호 3번은 요지원*1에서 요개호 1로 구분 변경이 된 이모부 사다키치(가명). 온화한 성격이지만, 알츠하이머형 치매로 인해 효력을 잃은 운전면허증으로 반년 이상 운전을 해왔던 게 발각된다. 이를 계기로, 등기부와 보험, 세금 등의 제반 문제도 드러나게 된다. 실금, 망상 등의 증상이 생기고 있어 자택 생활이 힘든 상황이다.

참가 번호 4번은 그런 이모부와 둘이 사는 요지원 2에 해당하는 이모 히사코(가명). 수다쟁이고 외출을 좋아하지만, 사회생활을 영위하는 데 필요한 절차 등을 너무나도 모르고, 모두 남에게 맡기기만 한다. 현금 카드도, 신용 카드도 쓸 줄

---

* 요지원(要支援): 일본의 개호보험법으로 정의되는 사항으로, 요지원은 1~2까지 인정 등급이 있다. 요지원은 현재는 돌봄이 필요한 상황은 아니지만, 후에 요개호 상태로 갈 가능성이 크고, 가사나 일상 생활에 지원이 필요한 상태다.

모른다는 이유로 갖고 있지 않다. 생활 전반에 관한 관리 능력도 낮고, 쇼와 시대*에 건축된 2층짜리 목조 단독주택은 세간에서 흔히 말하는 쓰레기 집으로 변하기 일보 직전이다.

이런 최강의 상황을 자랑하는 네 분과 함께하는 나날. 실제로 나는 늙은 부모님과 동거할 때까지 돌봄이라는 건 배변이나 목욕 등을 돕는 것쯤이라고 제멋대로 생각했다.
그러나 현실은… 너무나도 간단히 그 예상을 뒤엎었다.
판단력이나 이해력 저하, 감정 제어의 어려움 등, 제대로 된 의사소통이 되지 않는 부모님과 이모 부부 사이에서 별것 아닌 일로 짜증이 생기고, 그게 쌓임으로써 신경이 깎여 나간다.

매일같이 이래도 안 꺾일 거냐는 식으로 연이어 나타나는 뜻밖의 사건들 때문에 괜한 과장이 아니라 정말로,
"오히려 내가 먼저 죽겠다!"라며 늘 얼굴을 구기고 산다.
일본 전국에는 개성 넘치는 노인들에게 휘둘리며 수행과 같은 나날을 보내는 동지들이 상당수 있을 것이다.

---

* 일본의 연호로, 1926년 12월 25일부터 1989년 1월 7일까지의 시기를 의미한다.

자칫 오래 살기라도 하면 나도 큰일이 날 것 같다.

평균 연령 90세의 노부모와 이모 부부에게 미래의 내 모습을 겹쳐 보면서,

'우리는 어떻게 나이 들어갈 것인가'라는 두려움을 동반한 구체적인 질문이 요즘 내 머릿속을 떠나지 않는다.

"이제 지쳤어. 살아봤자 따분할 뿐이야."

거실에서 하루 종일 꾸벅꾸벅 조는 1930년생 늙은 아버지의 중얼거림을 듣노라면 '건강하게 자는 듯이 세상을 떠나는' 그런 이상적인 죽음 따위는 꿈만 같다. 모든 일이 뜻대로 풀릴 만큼 세상이 그렇게 만만하지 않다는 걸 뼈저리게 느끼는 요즘이다.

차례

프롤로그 4

고집만 센 노인만큼
골치 아픈 존재도 없다

남 일이기만 했던 노인 돌봄이 결국 나의 일이 되다! 15
치바현 대정전! 지금 스모 볼 때가 아닌데… 22
노인은 정말 약자일까 27
코로나 팬데믹이 터지든 말든 32
노부모, 종종 맹견으로 변하다 36
연말의 큰 싸움으로 아버지가 압박골절을! 45
요양 등급 면접 때 볼 수 있는 흔한 노인 유형 51
선생님, 어떻게 좀 해주세요! 61
엉덩이를 둘러싼 신경전 65
겨우 변비로 응급실행 72
주도권을 쥐고 싶은 마음은 알겠는데 84
썩어가는 음식으로 냉장고는 항상 초만원 93
'아깝다'라는 명분 아래 98
고집만 센 노인만큼 골치 아픈 존재도 없다 103
이제 더는 못 해먹겠다! 106
밝히는 할아버지보다는 낫지 114
지옥에서도 돈만 있다면 119

세상 물정 모르는 노인들을
둘러싼 사건 기록

반년에 걸친 무면허 운전 사실이 발각! 127
24통의 서류를 쓰는 꼴이 되다 136
정작 당사자는 문제를 알아차리지 못한다 144
대체 내가 무슨 죄를 지어서… 154
백신 접종도 한 고생 164
서랍 안에서 백 엔 지폐가 한가득 나오다 172
팬티 정도는 직접 좀 사세요 179
이모가 골절로 입원, 그럼 이모부는 누가 돌봐야 하는가? 184
냉장고를 열었다가 얼어붙어 버리다 194
병원의 상담원, 쓰레기 집을 방문하다 202
왜 20만 엔밖에 인출이 안 될까? 206
저는 당신 전용 도우미가 아니에요 210
이모와의 장보기는 고통 그 자체 216
그 정도는 알아서 생각하라고요 221

노부모 돌봄이라는
세상에서 가장 힘든 이야기

사흘에 한 번은 부모님을 모시고 병원으로 231
늙어서는 자식의 말을 따르는 게 좋다 236
이대로 있다가는 방문 도우미가 소멸한다 245
운전면허증 반납을 둘러싼 대소동 251
늙으신 아버지, 마침내 종이 기저귀를 못 벗게 되다 257
노모의 폭주는 멈출 줄 모르고 264
돌봄에 지쳐서… 271
돌봄으로 고생한 사람은 장례식장에서 울지 않는다 277
우리는 어떻게 나이 들어갈 것인가 283

에필로그 288

고집만 센 노인만큼
골치 아픈 존재도 없다

남 일이기만 했던 노인 돌봄이
결국 나의 일이 되다!

"요즘 아버지와 어머니가 별것도 아닌 일로 싸워. 그럴 때마다 나한테 전화가 오는데, 진짜 미치겠다니까."

"어머니는 조금만 마음에 안 드는 일이 있으면, 한 시간이나 택시를 타고 집에서 멀리 나가버린다고. 데리러 가는 우리 입장 좀 생각해 달란 말이야. 나도 일하느라 바빠 죽겠는데."

늙으신 부모님의 나이가 80대쯤으로 임박한 때였던 것 같다. 도쿄에서 회사 다니고 있던 나한테, 본가에서 5분 정도 떨어진 곳에 살며 자영업을 하는 오빠가 진절머리를 내며 자주 전화를 걸었다.

이미 이 시기에 부모님 모두 치매 초기 증상이 나타난 것 같지만, 원래부터 성미가 급하고 신경질적인 아버지와 뭐든 자기 뜻대로 해야 직성이 풀릴 정도로 고집이 센 어머니라서 별것도 아닌 일로 부부 싸움을 하는 건 일상다반사였다.

"그냥 내버려둬."

강 건너 불구경하듯 나는 심각하게 생각하지 않았다.

그러나 5년 전쯤, 느긋하게 그런 말을 할 수 없는 사태에 직면해 현실을 직시할 수밖에 없게 되었다.

"어머니가 구급차로 실려 갔어!"

미팅 때문에 지하철역으로 가던 중, 오빠에게서 전화가 걸려 왔다.

"무슨 일인데?"

"배가 아프다고 막 데굴데굴 구르고 난리야."

그 순간 '괜찮을까?'라는 걱정보다 '어머니는 나이에 비해 많이 먹으니까'라는 생각부터 들었다.

아무리 그래도 그냥 놔둘 수는 없다. 미팅을 마치고 바로 도쿄역에서 출발하는 고속버스에 올라탔다.

역시나 먹는 양에 비해 소화 능력이 따라가지 못해 위장이 터질 것 같은 상태에 빠진 것이란다. 위독한 질병은 아니었지만, 나이를 고려해서 입원을 하기로 했다.

한편 본가에서는 시장을 보는 것도, 요리도, 빨래도 그 무엇 하나 스스로 하지 않으면서 홀로 남겨진 늙은 아버지가 '이건 먹기 싫다' '너무 달아서 입맛에 안 맞는다'라며 온갖 고집을 부려서 올케언니를 힘들게 하는 중이었다.

입원 중인 어머니는 어머니대로 수액을 맞으며 요도에 카테터까지 끼운 상태임에도 내 얼굴을 보자마자 "뭐 하러 왔니? 네가 와봤자 아무 쓸모도 없는데"라며 놀랄 만한 소리를 해서 나를 당황하게 했다.

아무리 성격이 강하다 해도, 딸한테 그것도 병원까지 정신없이 달려온 사람한테 그런 무신경한 말을 쏟아낼 정도로 자제력을 잃게 된 걸까…. 이때 나는 앞으로 어머니와의 관계가 보통이 아닐 거라는 징조를 느끼고 나도 모르게 등골이 서늘해졌다.

게다가 이걸로 끝나지 않았다.

"노래교실에 회비 내야 하니까, 내가 노래교실에 갈 때 들고 다니는 가방 좀 얼른 가지고 와라."

"몸이 가려우니까 약국에서 가려움 약 좀 사 와."

지금 입원한 게 무슨 벼슬이야?

병원만 아니었더라면 그렇게 언성을 높이고 싶을 정도로 어머니는 미안한 기색도 없이 이것저것 명령했다.

아무리 환자라고 하지만 너무나도 이기적인 언행에 '어휴…, 정말 어머니가 왜 이러지?' 하고 놀라움을 넘어 아예 어처구니가 없었다.

"언제 퇴원할지도 모르고, 노래교실 회비는 퇴원하고 내도 되잖아요."

"여긴 병원이니까 가려우면 간호사한테 말해서 연고라도 처방받아요."

최대한 차분하게 설득하려 애를 써도 어머니는 전혀 들을 생각을 안 했다. 오히려,

"그렇게 떠들 틈이 있으면 어서 약이나 사 와."

라며 핏대를 세우기까지 하는 판국이다. 오빠한테서 전화를 받고 제대로 짐도 못 챙긴 채 허겁지겁 달려왔는데, 어떻게 그럴 수 있는지 화가 치밀었다.

부모님이 오늘날까지 끊임없이 다투는 원인은 성격이 급한 아버지 때문이라고 생각해왔다. 그러나 이리저리 흔들리는 시선에 잔뜩 굳은 표정, 게다가 사람 성질을 건드리는 어머니의 언행을 목격하니, 이런 식으로 말하면 아버지가 아닌 누구와도 싸움이 붙을 거라는 생각으로 마음이 바뀌었다.

그리고 이게 바로 치매 초기 증상임을 깨닫자 깊은 한숨이 흘러나왔다.

어머니가 입원해 있는 동안 오랜 세월 어머니 혼자 관리해온 주방 정리를 시작했는데, 썩은 식재료에 엄청나게 쌓인

플라스틱 용기, 비닐봉지 등이 줄줄이 쏟아져 나왔다.

그뿐만이 아니라 정리되지 않은 채 그냥 쌓여만 있으니, 어디서부터 손을 대야 좋을지 몰라 난감하기만 했다.

평소에 입버릇처럼 자화자찬하는 것치고는, 실상은 전혀 그렇지 못하잖아!

그게 어머니가 늙어서 그런 건지, 아니면 원래 대충 사는 성격 때문에 그런 건지, 대학 진학과 동시에 본가를 떠난 지 어언 40년이 된 나로서는 알 수가 없다. 가끔 집에 돌아오는 일은 있어도, 어머니가 전담 관리하는 주방 싱크대 아래나 식기 선반 제일 아래의 여닫이 칸 안쪽까지 확인하는 일은 없었다. 그런데 설마 이렇게까지 참담한 상태일 줄이야⋯. 솔직히 상상도 못 했다.

"안녕히 주무세요."

아버지를 2층 침실로 모신 후 나는 한밤중에 주방에서 혼자 산더미같이 쌓인 물건들과 격투를 벌였다.

소비기한이 지난 식재료나 유동기한이 몇 년씩 지난 조미료만 해도 45리터 쓰레기봉투가 순식간에 꽉 찼고, 오물로 진득거리는 비닐봉지나 플라스틱 용기는 거의 그 세 배나 되는 양이었다. 욕실 수납장에 쑤셔 넣은 엄청난 양의 타월을 전부 꺼내 다시 개는 것만 해도 고생이었다.

 이게 대체 어떻게 된 일인지.

 "하여간 어머니는 앓아누워도 말 하나는 엄청 많다니까."

 남의 일이기만 했던 노인 돌봄을 내 일로 인식한 순간이었다.

 그 후 25년간 일했던 회사를 그만두고 프리랜서 편집 작가로 생계를 꾸리던 나는, 미팅이나 취재 때만 상경하면 나머지는 재택근무로 어떻게든 될 것으로 판단하고(하지만 어느 정도의 각오는 필요했지만), 도쿄에서 아쿠아라인을 타고 1시간 반가량 걸리는 고향으로 U턴 이주를 결정하게 된다.

 그러나… 나를 기다리고 있었던 건 예상을 초월할 정도의 강력한 현실이었다.

 자제심도 없고, 남의 사정은 신경도 쓰지 않는 데다가, 말이 통하지 않는 노부모의 파괴력은 안 그래도 깜짝 놀랄 정도로 엄청난데, 거기에 이모와 이모부까지 참전하는 판국이니 몸이 몇 개나 있어도 부족했다. 아니, 매일 폭발 직전의 상태까지 내몰렸다.

 '노인을 존중하세요!'

 '노인을 공경합시다.'

 이런 미사여구를 곧이곧대로 받아들였다가는 노인을 돌보

는 쪽만 피폐해지고 만다.

  몸의 쇠약과 반비례하듯 고집과 독설이 날로 심해지는 부모님과, 세상 물정 모르는 이모 부부를 둘러싼 고생길 이야기는 이렇게 막이 오르게 된다.

치바현 대정전!
지금 스모 볼 때가 아닌데…

　노부모와의 동거가 시작된 반년 후인 2019년 9월 9일 오전 5시경, 보소반도 부근에 태풍이 상륙했다. 그 바람에 치바현을 중심으로 한 광범위한 대규모 정전이라는 긴급사태가 터졌다.

　우리 집이 있는 치바현 한 귀퉁이에 있는 동네도 신호등이 꺼지고, 대형 슈퍼와 편의점, 홈 센터는 휴업에 들어갔다. 종합병원이나 시청도 복구 조짐이 보이지 않아, 한동안 시내 전역이 기능 마비 상태에 빠질 정도로 피해는 엄청났다.

　그래도 운이 좋았나 보다. 우리 집이 있는 지역은 태풍 통과 후에 바로 전기가 들어와서 별문제가 없었다. 가옥 피해도 없고, 평소처럼 일상생활을 할 수 있었다. 그렇게 말하고 싶지만, 사실 현실은 그리 쉽지 않았다.

　태풍을 날려버릴 정도의 기세로,

"NHK가 안 나오잖아! 이래서 어떻게 스모를 보라는 거야!"

라며 아버지가 역정을 내기 시작했다.

그 원인은 강풍으로 안테나가 조금 기울어졌기 때문인데….

아버지는 평소에도 귀찮게 하는 성격이지만, 긴급한 상황에서도 이러니 나도 도저히 가만히 있을 수가 없었다.

"아버지, 무슨 소리 하시는 거예요! 생사가 오가는 긴급사태인데 지금 스모 소리가 나와요?"

다른 때와는 달리 더 강한 어조로 따졌지만 분노 스위치가 제대로 켜진 아버지는,

"빨리 전파사에 전화나 해!"

라는 말만 집요하게 반복했다.

"아까부터 계속 말했잖아요. 치바현 전체가 정전 중이라고. 신호등도 꺼졌고 주유소도, 가게도 다 문 닫았어요. 시청도, 병원도 미친 듯이 복구 작업 중이에요. 지붕도 날아가고 벽도 무너진 집도 있는데, 냉방 돌아가는 집에서 텔레비전 볼 수 있는 것만으로도 다행으로 생각하라고요!"

그렇게 타일렀지만,

"아, 그래? 그거참 고생이네. …그래서 전파사에 전화했냐?"

결국 대화는 도돌이표를 찍고 말았다.

"오빠 집 지붕에 함석이 날아와서 기와가 떨어졌대요. 그래서 마을 회관에 타포린 시트도 받으러 가야 하고, 비 누수에 대비해서 가재도구 옮기는 것도 도와줘야 하니까 고집 피우지 말고 가만히 계셔요."

"그렇구나. 기와도 떨어졌냐?"

그러니까! 아침부터 그 소리를 대체 몇 번이나 하냐고요. 머릿속 혈관이 터질 지경이다.

"아무튼 다녀올게요."

언제 주유소가 문을 열지 모르니까 가솔린 낭비는 하고 싶지 않다. 이럴 때는 자전거가 최고다. 자, 출발! 페달에 발을 얹은 바로 그때였다.

"너 나가는 김에 요구르트나 사 와라. 아침에 먹어버려서 내일 게 없어."

거실에서 얼굴을 내민 어머니가 말했다.

"그러니까! 치바현 전체가 정전됐다고 말했잖아요! 슈퍼도, 편의점도 문 닫았어요!"

짜증을 떨쳐내고 싶어서 힘껏 페달을 밟았다.

2시간 후, 오빠네 일을 어느 정도 거들고 나서 땀범벅이 되어 돌아가니, 시원하게 냉방이 돌아가는 거실에서 느긋하게 텔레비전을 보고 있던 아버지가 "야!" 하고 소리쳤다.

"왜요?"

"너 전파사에 전화했냐? 빨리 안 하면 스모 시작한단 말이다."

"그러니까! 전파사도 지금 스모 따위 신경 쓸 때가 아니라고요. 치바현 전체가 정전돼서 다들 정신없이 복구 작업 중이라니까요."

몹시도 강한 어조로 대꾸했으니 이제 아버지도 포기하겠거니 했는데 그럴 턱이 없었다.

"그럼 내가 전화하마."

아버지는 자주 이용하는 근처 전파사에 전화를 걸기 시작했다.

그러나 상황이 상황이니만큼 쉽게 연락이 되지 않았다.

"전화를 안 받네…."

고개를 갸웃거리더니,

"이거 연락 안 되니까 네가 자전거 타고 전파사 가서 사람 좀 데리고 와라!"

명령조로 말을 내뱉었다.

왜 아버지는 이렇게나 제멋대로고 자기중심적일까…. 그렇게 생각하며, 지금 여기서 요구를 다 들어준다면 더 안하무인으로 나올 것도 예상이 됐다.

뭐든 원하는 대로 되는 줄 안다면 그건 착각이다.

"제가 아버지 하녀인 줄 아세요? 그렇게 보고 싶으면 직접 전파사로 가보세요!"

귀가 잘 안 들리는 아버지가 깜짝 놀라 튀어 오를 정도로 크게 호통을 쳤다.

노인은 정말 약자일까

"슈퍼 문이 언제 열릴지 모르니까, 그때까지는 냉장고에 있는 걸로 버텨야 해요."

내가 그렇게 말했음에도 어머니는 오후 4시 반 넘어서부터 '지금 밥을 안 먹으면 언제 먹으라는 거냐!'라는 기세로 저녁 식사 준비를 시작했다.

그리고 5시가 넘자 식탁 위는 어제 먹고 남은 채소 조림 외에도 돼지고기 생강구이, 냉두부, 미역 초무침 등의 반찬으로 한가득 채워졌다. 게다가 반찬 하나하나의 양이 많기도 하다. 덧붙이자면, 나와 부모님은 식사 시간도, 입맛도 전혀 달라서 내가 먹을 몫은 내가 만들고, 어머니가 만든 것에는 손대지 않는다.

냉장고 안에 음식이 다 떨어지면 어쩔 셈인 걸까….

나는 겹겹이 쌓인 어머니의 삼겹살 뱃살을 곁눈질하며 고개를 갸웃거렸다.

150센티도 안 되는 키, 추정 몸무게가 약 60킬로인 어머니는 90대 나이로 돌입한 지금도 하루 세 끼 외에 오전 10시와 오후 3시만 되면 빵이니 경단이니 잔뜩 먹는 데다, 목욕을 끝내고서는 시원한 탄산음료와 아이스크림까지 잊지 않고 챙긴다.

"환자분은 이제 나이가 상당하니 소식하시고 차가운 음식도 자제하세요."

지난번 진찰 때 주치의가 그렇게 당부했음에도, 겨우 사흘 정도 신경을 쓰다 말았다. 뒷간 갈 때와 나올 때 마음이 다르다더니… 다시금 여전히 간식과 아이스크림을 빼놓지 않는 생활을 이어가는 중이다.

바로 이날, 치바현 전체가 긴급사태에 빠졌든 말았든,

"영감, 밥 다 차렸수다."

"아직 배 안 고파."

"또 그 소리. 정해진 시간에 밥을 먹어야 정리를 하든지 말든지 하지!"

"그놈의 정리 타령은. 왜 이리 구찮게 해?"

5시 반이 되는 것과 동시에 복도에서 늘 그랬듯 실랑이하는 소리가 들린다.

그럴 때마다 내가 일일이 끼어들면 끝이 없다.

내 방의 문을 닫고 라디오 볼륨을 가만히 올렸다.

이튿날 나는 시내에 있는 대형 슈퍼 한 곳이 다시 문을 연다는 정보를 SNS로 알아내긴 했지만, 주차장은 이미 만차 상태라고 했다. 주차를 기다리는 차가 해안 도로를 따라 몇백 미터나 죽 늘어서 있는 데다, 계산대에서도 2시간 대기는 각오해야 한단다.

이걸 가야 하나 망설이다가 일단 슈퍼까지 자전거 페달을 밟았다.

데우기만 하면 먹을 수 있는 햄버그와 오뎅, 저온 냉장 야키소바 우동, 바나나와 다섯 개입 버터롤 빵 두 봉지, 딱 한 종류 있었던 요구르트와 우유를 사서 집으로 돌아갔다. 소요 시간은 2시간 45분. 그래도 슈퍼까지 도달하지 못한 사람이나 여전히 정전 중인 집이 있다는 걸 생각하면 그나마 감사한 일이다.

이걸로 4, 5일은 버틸 수 있을 것이다.

사 온 식품을 냉장고에 넣고 있자니,

"어딜 그렇게 싸돌아다니냐! 빨리 전파사에 전화나 해!"

아버지가 노발대발하며 고함쳤다.

대체 누가 싸돌아다녔다는 건지, 도저히 그냥 듣고 넘어갈 수 없었다.

"대체 몇 번을 말해야 해요? 우리 집은 그나마 전기가 들어오지만, 치바현 전체가 정전 중이라고요. 음식 구해오는 것도 얼마나 힘들었는데, 좀 가만히 계세요!"

상황 파악이 안 되는 노인네와 얽혀봤자 시간 낭비다. 할 말만 딱 하고 나니,

"빨리 전파사에 전화하라는 말 안 들리냐! 이걸 고쳐야 스모를 보지!"

질리지도 않고 계속 노성을 쏟아내는 아버지를 무시하고 나는 2층으로 뛰어 올라갔다.

온 세상에 난리가 나든 말든 자기 생각만 하는 건 꼭 우리 아버지만은 아니었다.

"이 요구르트는 맛없어."

다음날 아래층으로 내려가자, 어머니가 버터롤을 입에 잔뜩 넣은 채 말했다.

어휴…, 지금 뭐라고 하셨어요?

이 요구르트를 얻기 위해 내가 얼마나 고생을 했는지 이 노인네는 전혀 알지 못한다.

"아아, 네, 맛이 없다고요? 그럼 억지로 드실 필요 없어요."

잔뜩 빈정대는 말로 끓는 속을 삭였다.

"긴급 상황 시, 노인 등의 약자가 홀로 남지 않도록 주변 사람들이 특히 더 신경 쓰셔야 합니다."

정보 방송 해설자가 아주 당연하게 하는 말을 들을 때마다,

"우리 부모님은 정말 약자가 맞을까…."

하고 도저히 받아들일 수 없는 감정이 가슴 저 아래에서 치솟곤 한다.

코로나 팬데믹이 터지든 말든

세계 곳곳에서 지금껏 경험한 적 없는 엄청난 전염병이 위세를 떨치는 중에 긴급사태 발령도, 전염 방지를 위한 특별 조치도 안중에 없는 어머니. 노모의 쇼핑 욕구와 외출 욕구는 점점 강해지기만 할 뿐이었다.

텔레비전 앞에서 붙박이로 아침부터 밤까지 TV 쇼를 보다 보면, 불필요한 외출은 자제해야 하고, 특히 노인은 중증화되기 쉽다는 사실도 알 법한데, 어머니는 그걸 자기 일로 받아들이지 못하는 것 같다.

그래서 틈만 나면 쇼핑이나 노래방에 가겠다고 외출한다.

"졸업식도, 입학식도, 운동회도, 수학여행도 다 중지됐어요. 애들은 동아리 활동도 못 하고 꾹 참는데, 노인이 무슨 노래방이에요? 그게 말이 돼요?"

결국 참다못해 내가 주의를 주자 어머니는 "이게 어딜 참견이야?"라며 불같이 화를 냈다.

"노래방은 밀폐 공간이라 비말이 튀어서 감염될 확률이 제일 높다고요. 그리고 실제로도 노래방이나 가라오케 찻집에 간 노인들 사이에서 집단 감염이 발생하고 있다고 매일 뉴스에 나오잖아요."

최대한 냉정하고 알기 쉽게 설명했지만,

"나도 그 정도는 안다. 내가 바보인 줄 아니?"

하고 어머니는 더 강한 어조로 받아칠 뿐이었다.

평소부터 '다들 나 잘한다고 칭찬하더라' '난 배우는 게 빠르다며 다들 놀라던데' 등, 어이가 없을 정도로 자화자찬이 심한 어머니는 자기 어필의 장인 노래방만큼은 꼭 사수하고 싶은 듯했다. 그러나 코로나 팬데믹이라는 세계적 규모의 긴급 상황에서 차마 '아아, 네. 그럼 그러세요'라고 말할 수는 없다.

"안다면서 왜 나가려고 하는데요? 그렇게 잘 알면 조심해야 할 거 아니에요!"

하고 싶지도 않은 말을 어쩔 수 없이 하는 내 마음은 생각도 않고,

"어딜 감히 자식이 부모 하는 일에 이래라 저래라야!"

하고 어머니는 더욱 고집을 부리며 대꾸했다.

본인은 무의식적이겠지만 '감히'라는 단어를 벌컥 입에 올리는 걸 보니, 어머니는 딸인 나를 자기 부속품쯤으로 여기고 시키는 건 뭐든 다 따라야 한다고 생각하는 듯하다.

"그럼 딸 말고 누가 그런 주의를 주는데! 다른 사람들은 '저 할머니는 코로나로 난리인데 아직도 노래방에 가네'라고 속으로는 생각해도, 입 밖으로는 말 안 한다고요. 원래는 누가 뭐라 하지 않아도 알아서 자제해야 하는 판국에, 그렇게 안 하니까 내가 이러잖아요. 왜 그걸 이해 못 해요?"

이렇게 힘만 빠지는 대화를 냉정히 이어갈 수 있는 사람이 세상에 몇이나 될까. 적어도 나는 그럴 수 없어서 바로 언성을 높이고 말았다.

이렇게까지 말하면 어머니도 포기할 줄 알았는데 전혀 그렇지 않았다.

"말해두지만, 난 노래방이 아니라 노래교실에 가려는 거야."

라고 눈을 부릅뜨며 엉뚱한 소리를 늘어놓았다.

성미가 드센 사람, 아니 말귀 못 알아먹는 소고집 선수권 대회가 있다면 어머니는 우승감이다.

최종적으로는 노래교실 자체가 아예 폐쇄된 덕분에 일단 이 소동은 잠잠해졌지만, 왜 이런 저차원적 대화에 열불을 내야 하는지 가끔 답답해서 견딜 수가 없다.

끝이 보이지 않는 노인 돌봄. 매일 사소한 일이 점점 쌓여 한계에 도달했을 때 나는 대체 어떻게 될까….

노인 돌봄에 지쳐 일어난 사건 소식을 들을 때마다, 남의 일이 아니라는 생각에 마음이 술렁인다.

노부모, 종종 맹견으로 변하다

"대체 언제 들어오느냐고 묻잖아!"

서점 계산대 앞에서 한 할아버지가 고함을 치고 있다.

"주문은 바로 해드리는데, 오늘 주문한다고 해서 언제 입고 될지는 확실치 않습니다. 들어오는 대로 바로 연락드릴게요."

"그걸 왜 모르냐고! 난 지금 언제 책이 들어오느냐고 묻는 거야!"

"아마 일주일 정도 될 것으로 보입니다만, 상황에 따라 좀 더 시간이 걸릴 수도….'

"너하고는 말이 안 통해. 점장 불러, 점장!"

아…, 여기에도 또 남의 사정 고려 안 하고 제멋대로 고함부터 치는 노인이 있다.

세간에서 흔히 말하는 '고집불통 노인네'라는 사람들이다.

"그러니까 입고되는 대로 바로 연락드리겠습니다."
"내가 그게 궁금한 게 아니잖아!"

나이가 들면 성미가 급해진다. 상대방 배려 따위는 없이 자기 고집만 피운다. '잠깐만'이나 '시간이 나면'이라는 말은 통하지도 않고, 자기 뜻대로 안 되면 역정부터 낸다.

그런 격한 분노 모드로 들어섰을 때 감당이 안 되는 건 우리 부모님도 마찬가지다. 이게 남의 일 같지 않아서, 나는 조금 떨어진 곳에서 일이 어떻게 되는지 조용히 지켜봤다.

'어휴, 고생이 많으시네요. 이런 손님이 제일 골치 아프죠?'

어떻게 대응하면 좋을지 몰라 진땀을 흘리는 점원을 향해 나는 속으로 말을 걸었다.

"그렇게 먹는 게 느려터지면 언제 정리를 하라는 거유?"

어머니가 식탁 앞에서 언성을 높이고 있다.

갈수록 식욕이 떨어져 식사도 겨우 하게 된 92세의 아버지. 재촉해 봤자 뭐가 달라지는 것도 아닌데, 어머니는 자기가 정한 일정대로 따르지 않으면 성이 풀리지 않는 편이라 식사 때마다 똑같은 말을 반복한다.

"그놈의 정리, 정리. 할멈, 그만 좀 떠들어."

당연히 아버지도 잠자코 있지는 않는다.

"날 힘들게 하려고 일부러 그러는 거잖우!"

"누가 일부러 그런다는 거야. 머리가 멍해서 천천히 먹어야 한단 말이야."

이런 언쟁은 일상다반사다.

솔직히 그냥 내버려두고 싶은 마음이지만, 흥분하면 두 분 다 순식간에 맹견으로 돌변한다. 자칫하면 뱀과 몽구스도 놀라서 도망갈 정도의 큰 싸움으로 번진다.

아…, 또 시작이다.

이제 그만 좀 해요!

버럭 소리치고 싶은 충동을 꾹 참고, 두 살짜리와 세 살짜리의 싸움을 어르듯 끼어들었다.

"그렇게 소리 지르지 마세요. 정리는 제가 할 테니까 어머니는 저쪽 방에서 텔레비전이나 봐요. 의사 선생님도 그러셨잖아요. 나이도 많으니까 먹고 싶을 때 조금씩만 먹으면 된다고."

그러나 어머니는 딸한테 맡기는 것이 자기 존재 가치의 위협이라고 느끼는지,

"네 아버지 뒤치다꺼리는 내가 아니면 안 돼."

하고 고집스럽게 주장하기 시작했다.

아침부터 밤까지 얼굴을 맞대고 사는 부모님. 두 분 모두 감

정 제어가 어렵게 되어 별것도 아닌 일에 시종일관 다툰다.

그럴 때마다 중재해야 하는 내 입장도 고려해 주길 바라지만, 이미 자기 생각밖에 하지 못하는 단계에 들어선 듯하다. 두 분은 이제 남한테 폐를 끼치고 있다는 자각조차 없다.

나날이 못 하는 일이 늘어나면서도 불평불만 실력만큼은 여전히 죽지 않은 부모님과 있으면, 차라리 자아가 생기기 시작한 두세 살 아이들의 생떼가 더 달래기 쉽다고 매일 같이 느끼게 된다.

"할멈, 거기 와사비 좀 줘."

아버지가 부르지만 어머니는 표정 하나 바꾸지 않은 채 구운 닭고기를 입에 잔뜩 넣고 있다.

"와사비 좀 달라고."

"……."

아무런 반응이 없다.

바로 왼편에 앉아 있는 아버지 목소리도 들리지 않을 정도로 귀가 먹은 모양이다.

"또 사람 말 무시한다."

늘 그랬듯 아버지가 짜증을 내기 시작한다.

"아버지, 무시하는 게 아니라 어머니 귀가 안 들려서 그래요."

내가 하는 수 없이 끼어들었다.

"안 들린다고?"

"아마도요."

"……. 응? 뭐야?"

반응하지 않던 어머니의 표정이 바뀔 때까지 몇 초의 시차가 생긴다.

"봐요, 안 들리는 거잖아. 그러니까 아버지도 짜증 내지 말아요."

"무슨 소리야…? 다 들려."

'응?' 하고 되묻는 시점에서 귀가 먹었다는 게 명백한데도, 그걸 인정하기 싫은 어머니는 잘만 들린다며 박박 우긴다.

"들리면 대답을 하라고!"

아버지가 크게 고함을 치면,

"그렇게 불평할 틈이 있으면 얼른 먹기나 해!"

아버지에게 절대로 지지 않을 정도로 큰 목소리로 어머니가 맞받아치니 상황은 더 골치 아파진다.

"그러니까! 두 분 다 그렇게 소리치지 마시라고요!"

고령자와의 생활은 아침부터 밤까지 이런 일의 반복이다. 옆에서 보면 참 한심하고 중요치도 않은 일들뿐이지만, 이게 매일같이 반복되다 보면 마치 보디블로라도 얻어맞은 것처럼 서서히, 그러나 확실하게 타격이 온다.

"추운데 왜 자꾸 난방을 끄는 거야!"
"더우니까 그렇지."
"덥긴 뭐가 더워! 난 춥구먼."
식사 준비를 하는데 거실에서 다투는 소리가 들린다.
살이 쭉 빠져서 몸무게가 30킬로 수준까지 떨어진 데다 추위를 잘 타는 아버지, 그리고 왕성한 식욕으로 삼겹살 뱃살을 흔들어대는 더위 잘 타는 어머니. 에어컨 주도권을 누가 쥐는가를 두고 시종일관 질리지도 않은 채 공방전을 반복 중이다.
"영감은 아무것도 안 하고 그냥 있으니 추운 거지! 난 청소도 하고, 풀도 뽑고 온종일 몸을 움직이니까 덥단 말이우."
"뭐라고? 당신도 종일 입 벌리고 자고 있잖아!"
하루 종일 몸을 움직이고 있는지는 차치하고, 두 분은 또 저렇게 별것도 아닌 싸움을 벌일 태세다.
"그렇게 맨날 싸우기만 할 거면, 둘 중 한 명이라도 데이 서비스에 다녀오면 어때요? 의사도, 케어 매니저* 선생님도 그

---

* 일본의 '개호 지원 전문원'을 일컫는 것으로, 요지원 및 요개호 인정자와 그 가족의 상담을 받아주고 개호 서비스 계획 등을 세워 지자체나 다른 개호 서비스 업자에게 연락과 조정을 행한다. 일반적으로 '케어 매니저'라고 부른다.

렇게 권하잖아요."

그날도 역시 나는 똑같은 말을 반복했다. 그러자 방금까지만 해도 적대 관계였던 부모님이 돌변했다.

"그런 곳은 노인네들이 가는 곳이잖아."

"기껏 고생해서 키워놨더니 어딜 부모를 짐짝 취급이야?"

두 분이 한꺼번에 공격한다.

"양로원 이용하는 사람들 평균 나이가 82세예요. 두 분은 92세, 90세잖아요. 그냥 노인이 아니고 엄청 노인이라고요. '요즘 방송은 재미가 없다'면서 온종일 싸우고 텔레비전만 보는 것보다 차라리 데이 서비스에 가서 또래랑 옛날 이야기라도 하며 떠드는 게 더 재밌지 않겠어요? 이웃에 사는 무라타 씨네 할머니도 거기 가기 전에는 싫다고 그랬지만, 요즘은 데이 서비스 가는 날을 제일 기다린대요."

어떻게든 데이 서비스에 보내볼 요량으로 이야기했지만, 이 두 사람은 본인들이 노인이라는 것을 완강히 인정하려 들지 않는다.

외출을 싫어하는 아버지가 '난 집에만 있을 거다'라고 하는 건 이해가 가지만, 어머니는 식욕과 외출 욕구가 보통을 넘어 왕성한 데다, 만사 제쳐두고 쇼핑과 노래방에 나가면서도 이럴 때는 꼭,

"이 집은 내가 없으면 안 돼"라며, 90대에 접어들었음에도 여전히 이 집에서는 자기가 주도권을 쥐고 있음을 주장한다.

아니, 집에 없어도 곤란할 거 하나 없어요. 오히려 고맙지.

"시장 보는 것도, 밥 차리는 것도 누가 다 하는데?"

내가 하잖아요. 어머니만 시장 보러 안 가면 냉장고가 유통기한이 지난 음식으로 넘쳐나는 일도 없고, 다 태운 냄비를 박박 씻는 고생도 안 해도 되는데.

"그럼 손님이 오면 어떻게 할 건데?"

그러니까 그건 내가 하겠다니까요. 그보다 어머니 나이가 90세예요. 언제 세상을 떠나도 이상하지 않을 나이라고요. 그런데도 본인이 집에 없으면 큰일이라니 그게 무슨 소리인지.

노인용 보행기가 필요할 정도로 다리와 허리의 힘이 약해졌는데도, 텔레비전 음량을 최대치로 올리지 않으면 소리를 못 들을 정도로 귀가 먹었으면서도…, 어머니의 고집은 나날이 거세지기만 한다.

"아까 댁을 찾아갔지만, 할아버지 할머니밖에 안 계셔서요. 혹시 몰라서 다시금 이렇게 찾아뵙니다."

방문객들도 90세를 넘은 두 분에게 설명해 봤자 끝도 없을 거라 판단했으리라. 그래서 다시 집을 찾아오는 사람도 얼마나 많은데.

"몇 번씩 전화해도 안 받던데, 누님과 형님은 안 계세요?"

"용건이 있어서 전화했는데 이모께서 '몰라요!' 하고 뚝 끊었어요…."

어쩔 수 없이 내 휴대전화로 다시 연락하는 친척들이 대부분이거늘….

"이 집은 내가 없으면 안 돼."

오늘도 어머니는 딸인 나에게 계속 주먹을 치켜들며 우길 뿐이다.

연말의 큰 싸움으로 아버지가 압박골절을!

연말인 12월 30일에 사건은 터졌다.

"네 아버지가 넘어져서 등이 아프다고 난리다."

늘 기세등등하던 어머니가 웬일로 기가 죽은 목소리로 사태를 알렸다.

"등이라면… 혹시 뒤로 넘어진 거예요?"

"영감이 하도 화를 내니까 '시끄러워!' 하고 뿌리쳤더니 엉덩방아를 찧더라."

"혹시 어머니가 밀었어요?"

"민 게 아니라 손으로 뿌리쳤다니까."

자세한 상황은 알 수 없었지만, 끊임없는 언쟁이 결국 몸싸움 단계까지 심화한 듯하다. 하지만 연말이라 병원도 문을 닫는 판에 이런 사고를 치다니.

"걸으실 수는 있고요?"

"걸을 수 있어."

그렇다면 뭘 그렇게 야단법석을 떠는 건지.

"파스라도 붙이면 되잖아요" 하고 매정하게 대꾸했지만, 아버지는 "할멈이 날 떠밀어서 뼈가 부러졌어!"라는 말을 집요하게 반복했다.

구급차를 부를 정도는 아닌 듯했지만, 나이가 많으니 그냥 놔둘 수도 없는 노릇이다. 지자체 홈페이지에서 담당 의사를 알아보고 정형외과로 아버지를 모시고 갔다.

진단 결과, 요추(등뼈에서 허리 부분)가 압박골절 상태라고 한다. 고령으로 인해 뼈가 약해져서 살짝 부딪치기만 해도 뼈가 짓눌릴 정도로 변형되는 것이 압박골절이란다.

"혹시 입원하셔야 하나요?"

연말연시에 차라리 고집불통 아버지가 입원이라도 한다면 평온하게 지낼 수 있을 것이다.

그런 기대감을 품고 물었지만,

"아뇨, 걸으실 수는 있으니 환자분은 집에서 안정을 취하면 나으실 겁니다."

그렇군요…. 어깨를 떨구고 말았다.

어쩔 수 없지. 집으로 모셔 가야겠네.

깁스를 하고 진통제와 뼈를 튼튼하게 하는 약을 처방받았으니 이제 끝!

일이 이렇게 쉽게 정리되면 얼마나 좋을까.

"깁스가 답답해서 숨을 못 쉬겠다!"

"할멈 때문에 허리 아파!"

"목마르니까 마실 것 좀 가지고 와라. 이건 안 돼. 난 사과주스가 좋아."

아버지의 '난 아프니까' 스위치가 켜진 건가…. 결국 아침부터 밤까지 평소보다 더 불평하고 요구하기를 반복했다.

화장실까지 걸을 수 있다고는 하나, 만약의 사태를 대비해 종이 기저귀를 입히려 하자 아버지는 "이런 걸 입고 어떻게 걸으라고!"라며 역정을 내더니, "아파서 화장실까지 못 걷겠다" 하며 떼를 쓰기 시작했다.

"그럼 어떻게 하고 싶은데요?"

"오줌통 가지고 와라."

오줌통…?

지금까지 살면서 거의 등장조차 하지 않았던 단어가 마음속에서 반복해 울린다.

"어머니, 우리 집에 오줌통이 있어요?"

"없을걸."

"그럼 사 와야겠네."

근데 오줌통은 어디서 팔지…? 올케언니한테 전화해서 상황을 설명하니,

"이온 쇼핑몰에 가면 간병용품 매장이 있는데, 거기에서 팔 거야. 내가 바로 사다 줄게."

올케언니가 차로 다녀온단다.

그러는 사이, 나는 잡화점에 가서 종이 기저귀와 침대에 깔 방수 시트를 구해 왔다.

올해 마지막 날의 전날인 12월 30일, 새해 준비로 바쁘게 돌아다닌다면 모를까 '오줌통'이라는 단어를 연발하는 신세가 될 줄이야…. 한나절 전까지만 해도 상상도 못 했다.

그 후에도 31일, 새해인 1일, 2일, 3일까지,

"사과주스 말고 토마토 주스 마시고 싶구나. 이 주스는 너무 다니까 더 새큼한 맛으로 사 와라."

"깁스를 안 풀면 답답해서 못 자겠어."

"할멈 때문에 새해부터 이게 뭐야?"

"배고프니까 떡국 좀 가지고 와!"

아버지의 불평과 요구가 극에 달한다.

이렇게 잔뜩 우쭐해졌을 때의 아버지는 얼마나 밉상인지.

사실 따지고 보자면 별일도 아닌 것에 언쟁을 벌이다가 생긴 결과인데, 왜 저렇게 거드름을 부리는 걸까! 새해부터 내 분노도 최고조에 이르렀다.

게다가 내 속은 안중에도 없는 듯하다. 아버지는 새해 인사로 찾아온 친척과 손주들에게 "할멈이 떼밀어서 5미터나 날아갔어. 뼈가 콱 부러졌지 뭐냐"라며 피해자 얼굴로 과장을 잔뜩 섞어 떠들어댔다.

만약 뼈가 콱 부러졌다면 그 나이로 지금 살아 있을 리가 없잖아요. 글쎄요, 그렇게만 되어준다면 더 바랄 게 없겠지만요.

남몰래 악담을 퍼부었다.

그 난리를 피워가며 간신히 구했는데, 도저히 거실에서 쓸 수는 없었던 걸까. 아버지는 오줌통은 쓰지도 않고 절뚝대면서 화장실까지 걸어갔다.

이게 어떻게 된 일이지…? 걸을 수 있었으면 얼른 걸지 그랬어요!

이 상황이 만화라면 내 머리에서는 뜨끈한 김이 솟고 있을 것이다.

그뿐만이 아니다. 기온이 확 내려가는 밤 1시가 넘어서 내가 2층에서 슬쩍 주방 쪽을 내려다보니, 아버지가 거실에서 가벼운 발걸음으로 나와 컵에 술을 따르고 있기까지 했다.

"진통제 복용 중에는 술은 자제하세요."

그렇게 정형외과 의사가 단단히 당부했거늘.

어휴…. 하도 어이가 없어서 벌어진 입이 다물어지지 않는 걸 넘어 턱이 빠질 지경이었다.

요양 등급 면접 때 볼 수 있는 흔한 노인 유형

 노부모를 상대하느라 애를 먹는 나날. 이리저리 휘둘리고 시간은 잔뜩 뺏기는데, 도리어 역정을 내는 노인네들을 그냥 참고 있을 만큼 내가 호구도, 인내심이 많은 사람도 아니다. 설 연휴가 지나자마자 지역포괄지원센터에 전화부터 걸었다.

 노인 돌봄 문제는 가족 혼자 끌어안고 있으면 금방 탈이 난다. 마흔 살 이상의 건강보험 가입자는 모두 개호보험료를 내고 있으니, 개호 보험 서비스를 이용하는 것을 주저할 필요는 없다.

 어떤 서비스를 받을 수 있을지는 요개호도(요지원 1~2, 요개호 1~5)에 따라 달라지므로, 우선 주민등록표상 주거지에 있는 지역포괄지원센터(고령자 보건복지의 종합 창구)에 개호 인정

신청 수속을 요청해야 한다.

개호도가 인정되면 요양원에 들어갈 수도, 데이 서비스*를 이용할 수도, 도우미를 부를 수도 있다.

나는 지역포괄지원센터의 개호 지원 전문원이 면접을 위해 우리 집을 방문하는 날짜가 정해지면 어떤 과정을 거쳐 '요개호 상태 구분 결정'이 되는지, 그리고 어떤 건강 상태가 각 개호도에 해당하는지, 어떤 식으로 평가되는지 열심히 알아보았다.

개호 관련 책도, 개호를 특집으로 한 잡지도, 전문가의 홈페이지도 모두 참고가 되긴 했지만….

실제로 노부모를 돌보고 있는 사람이나 케어 매니저에게서 직접 듣는 정보는 눈이 번쩍 뜨일 만큼 새롭고, "아, 그래서 그런 행동을 하는 거구나" 하고 확실히 납득이 갔다. 동시에, 면접일까지 돌보는 사람이 해야 할 일이 무엇인지도 알게 되었다.

게다가 이런 정보를 공유해 주는 사람들 대부분이 같은 연배의 노부모를 모시는 우리 지역 동급생이나 동창생이라 정

---

* 집에 거주하는 고령자가 낮 시간 동안 센터에 머물며 식사, 목욕, 레크리에이션, 재활 훈련, 건강 체크 등 다양한 돌봄 서비스를 받는 제도.

말 고마울 따름이었다.

마침내 당일, 나는 개호 지원 전문원에게 전달할 부모님 각자의 문제 행동을 항목별로 적은 A4 용지를 준비해 놓고 면접에 임했다.

왜냐하면, 당사자인 노인이 평소에는 할 수 없는 일도 개호 지원 전문원 앞에서는 너무 의욕이 넘쳐서 '별문제 없다. 내가 알아서 다 할 수 있다'라고 단언하는 바람에 실상과는 동떨어진 개호도 인정을 받는 경우가 왕왕 있다는 정보를 미리 입수했기 때문이다.

이렇게 체면을 갖추려는 행동도 일종의 치매 초기 증상 중 하나란다.

면접이라는 이야기를 듣고 부모님 모두 다소 긴장한 모양이다.

"집 안이 어질러져 있지만, 일단 들어오세요."

"네, 감사합니다."

나는 마침내 찾아온 개호 지원 전문원을 평소와 달리 격식을 차린 얼굴로 맞이했다.

"어떠세요, 무슨 곤란한 일은 없으시고요?"

"별로 없어."

아버지가 느긋하게 대답했다.

그야 그렇지. 곤란한 건 아버지가 아니라 나니까.

"식욕은 있으세요?"

"있지. 뭐든 잘 먹거든."

아버지는 식사 때마다 '이것도 싫다, 저것도 싫다'라며 고집을 피우고, '그럼 안 먹겠다'라며 떼를 써서 가족들을 힘들게 함에도, 낯선 사람 앞에서는 체면치레를 하고 싶은지 태연하게 모범생 같은 대답만 했다.

"건강은 좀 어떠세요? 아픈 곳은 없으시고요?"

"그게…. 허리도 아프고, 눈도 점점 안 보여. 하긴 나이를 먹었으니 어쩔 수 없겠지."

마음을 놓기 시작하면서 아버지는 실상을 있는 그대로 말하기 시작했다.

그러나 여기서 성미가 드센 어머니가 진가를 발휘한다.

평소 같으면 '아이구, 허리 아파', '무릎이 아파서 계단 올라가기도 힘들어'라고 푸념을 해대서 정형외과를 데리고 다니게 하고, '가려우니까 어서 피부과에 데려다 달라'고 내 사정은 생각도 안 한 채 명령부터 내림에도 불구하고…,

"어디 아픈 곳도 없고, 뭐든 내가 알아서 할 수 있으니까 아들이나 딸을 의지 안 해도 생활할 수 있다우."

라고 의기양양하게 주장하기 시작한다.

그뿐만 아니라 '동네 사람들도 나보고 하도 정정해서 90세로 안 보인다고 하지'라거나 '어디에 가도 내가 나이보다 젊어 보인다고 하는데, 얼마 전에도 노래방을 갔더니 목소리가 쩌렁쩌렁하다고 70대인 줄 알았다고 하지 뭐야' 같은, 묻지도 않은 말을 줄줄이 떠들어 댔다.

이렇게까지 나오면 이제 체면치레 정도의 수준도 아니다.

하도 어이가 없어 인상을 쓰는 내 얼굴은 눈에 들어오지도 않나 보다.

'대단하시네요' '정말 젊으시네요'라는 말을 그렇게나 듣고 싶은지 어머니는 "가을에 열리는 노래 대회에 우리 동네 대표로 나와 달라고 구청장이 부탁을 하더라고"라며 맹렬한 기세로 자랑까지 했다.

그러나 고집 센 어머니가 허세를 보인 바람에 실상과 다른 개호 등급을 받기라도 한다면, 돌보는 내 입장에서는 견딜 수 없는 일이다.

"그래도 이곳저곳 병원 다니면서 약도 많이 받아 오잖아요."

나는 상황을 살피면서 슬쩍 끼어들었다.

"병원은 어디 다니세요?"

"T 병원, I 정형외과, W 안과, S 피부과…, 그리고 치과에도 다니잖아요."

처방약 수첩*을 보여주면서 슬며시 이야기를 이끌어 갔다.

"병원은 어떻게 가세요? 전부 걸어갈 수 있는 거리에 있는 가까운 병원은 아닌데."

어머니는 질문이 나온 이상 대답할 수밖에 없다고 생각했나 보다.

"딸이나 아들한테 차를 태워달라고 해서…."

바로 3분 전만 해도 딸과 아들한테 의지 안 하고도 생활할 수 있다며 호언장담하더니 이제 와서는 겸연쩍은 건가. 어머니가 우물우물 답했다.

"약을 많이 복용하시는 것 같은데, 어떤 약을 드시는지 알고 계세요?"

갑작스러운 질문에 어머니의 표정이 얼떨떨해진다.

지금이 바로 공격 기회야!

귀가 먹은 어머니한테 잘 안 들리도록 나는 개호 지원 전문원에게 작은 목소리로 가만히 속삭였다.

---

* 일본에 도입된 '개인 건강 관리' 제도의 일환으로, 약의 복용 이력이나 이전에 앓았던 병, 알레르기 등 의료 관계자에게 필요한 정보를 기재한 수첩의 속칭이다.

"당연히 파악하지 못하시죠. 어머니가 외출을 워낙 좋아하시고, 병원 가고 싶은 마음에 그냥 약국에서 파는 약으로도 되는 증상인데도 하도 야단을 피우셔서요."

물론 여기서 공격의 기세를 늦추면 안 된다.

"넘어지시기라도 하면 큰일이라 저는 솔직히 바닥에 있는 물건을 다 정리하고 싶지만, 어머니가 못 하게 하세요. 함부로 치우지 말라고 화를 내시기까지 해요."

개호 지원 전문원의 귓가에 대고 속삭이며 나는 주방으로 안내했다.

냉장고와 식기 선반은 말할 것도 없다. 조리대 위에도 식재료나 조미료, 세제 등이 산더미처럼 쌓여 있다.

발밑 바구니에 가득 들어 있는 비닐랩류를 본 전문원이 "이건 누가 사신 거예요?"라며 어머니와 내 얼굴을 번갈아 바라봤다.

내가 고개를 가로젓자,

"내가 샀는데…" 하고 어머니가 대답했다.

"왜 이렇게 많이 사셨어요?"

슈퍼나 잡화점에 갈 때마다 눈에 띄는 걸 아무 생각 없이 사 오니, 구입 이유를 물어도 대답할 수 있을 턱이 없다.

"랩 같은 건 썩는 게 아니니까 그나마 나은데요, 이런 것들은 유통기한이 있잖아요"라면서 나는 서랍을 열어 안에 쑤셔 박혀 있는 스무 개 정도의 튜브형 겨자소스와 와사비 등을 보여주었다.

"제가 이곳으로 이주하기 전에 어머니가 산 것 같아요. 이미 절반 이상은 유통기한이 지났고요, 냉동실 안에도 5년도 넘은 해산물이나 믹스 채소 같은 게 그대로 들어 있었어요. 그건 놔두기에 그래서 버렸지만요."

나는 미간을 좁히며 이때다 싶어 크게 한숨을 쉬었다.

"냉장고 안을 좀 살펴봐도 되겠습니까?"

"물론이죠! 늘 안이 꽉 차 있긴 하지만요."

문을 연 동시에 컵에 담긴 초콜릿 아이스크림 두 개가 눈에 들어왔다.

"뭐야, 이건 언제 샀어요?"

"아까 요 앞 가게에서."

어머니가 태연하게 대답했다.

뭐 때문에 지적을 받는지 아직 이 단계에서는 이해를 못 하는가 보다.

"아니, 이거 아이스크림을 냉장실에 넣어두면 어떡해요! 아이스크림은 냉동실에 넣어야 안 녹지."

얼른 꺼내보니 이미 녹는 중이다.

"엇? 이게 아이스크림이었어? 난 푸딩인 줄 알았지."

아니, 이게 어떻게 푸딩이냐고!

직원이 눈앞에 있는 상황이라 그런지, 어머니도 강하게 맞받아치지는 않았지만 동요하는 건 명백해 보였다.

"아이고, 내가 실수한 모양이네…."

평소에는 자기 잘못을 인정조차 안 하려 드는 어머니의 눈이 좌우로 흔들리고 있다.

다만, 나로서는 오히려 잘된 일이다. 지금 눈앞의 일로 인해 아까 본인이 주장한 상태가 얼마나 실상과 거리가 먼지 명확해졌으니 말이다.

결국 '매일 물건을 사러 나가서 쓸데없는 음식을 사 와 잔뜩 썩힌다'거나 '늘 냄비를 태워 먹고 있다'거나 '마음에 들지 않는 일이 있으면 성질부터 낸다'거나 '1년 내내 싸우기만 한다' 등의 말은 본인들이 절대로 하지 않는다는 뜻이다.

나는 면접을 마친 직원을 정원까지 배웅하면서 준비했던 A4 용지를 건네며,

"병원에서 '하세가와식 치매 스케일(알츠하이머 치매 판정에 사용)' 테스트를 하면 두 분 다 30점 만점에 20점 이상은 나옵니다. 덧셈이나 뺄셈 같은 계산도 잘하시는데, 요즘 감정 조

절이 잘 안되고, 마음에 안 드는 일이 있으면 바로 격하게 화를 내시거든요. 그 부분을 정리해 두었습니다"라고 덧붙였다.

치매에는 기억 장애가 생기는 '알츠하이머형 치매' 이외에도 환각이나 손 떨림 등의 증상이 생기기 쉬운 '레비 소체형 치매'나 민폐 행위 등을 취하게 될 때가 많은 '전두측두형 치매' 등도 있다고 한다(자세한 내용은 전문가의 홈페이지나 저서를 참고하길 바란다).

그래서 하세가와식 판정으로 놓치기 쉬운 증상을 개호도에 반영하기 위해서라도 미리 손을 써둘 수 있다면 철저히 해두는 게 좋겠다 판단한 나는 필요한 내용을 서면으로 정리해 두었다.

부모님은 익숙하지 않은 면접으로 지친 모양이었다.

거실을 들여다보니 두 분은 벌써 꾸벅꾸벅 졸고 있다.

그런 둘을 곁눈질하면서,

'나를 얕보지 말란 말이다~.'

라고 탐관오리처럼 속으로 중얼거렸다.

그리고 다음 수를 쓰기 위해 조용히 부모님의 주치의에게 상담 예약을 넣었다.

선생님, 어떻게 좀 해주세요!

 면접을 끝냈다고 해서 마음을 놓으면 안 된다.
 요개호 등급이 결정되려면, 컴퓨터 분석에 의한 1차 판정과 개호 인정 심사회에 의한 2차 판정(인정 조사표의 특기 사항과 주치의 의견서의 타당성을 확인)을 거쳐야 한다.
 결국 주치의의 의견서가 개호 인정에 큰 영향을 끼친다는 뜻이다.
 실제로는 실금이나 망상 증상이 있어서 가족 부담이 상당함에도 '요지원 2' 상태로만 남은 채 '요개호 1'로는 인정되지 않았다는 개호 인정 경험자의 이야기를 들은 적이 있다. 그래서 나는 철저하게 대비하려고 부모님의 평소 언동에 대해 항목별로 구분해 적은 A4 용지를 가지고 서둘러 주치의에게 갔다.

"두 분 모두 하루 종일 24시간 내내 별것도 아닌 일로 서로 화내고 고함치시니까 중재라도 하려 들면, 그 화살을 저한테 돌리세요. 선생님, 이런 상태가 계속되면 제가 먼저 죽을 것 같아요."

절절히 읍소를 하자,

"감정 제어를 못 하고 같이 사는 가족에게 화풀이를 하는 것도 전형적인 치매 증상입니다."

의사는 치매 환자 가족이 놓여 있는 상황을 숙지하고 있는 모양이다. 곧바로 내 심정을 이해해 주었다.

우선 안도감에 나는 마음이 조금 편해졌다.

혼자 다 끌어안고 있어 봤자 좋을 건 하나도 없다.

"가끔 상태를 보러 와주는 사촌 자매들은 우리 부모님이 나이치고는 정신이 또렷한 것 같다고 하지만, 실상을 보자면 그렇지도 않아요. 두 분 모두 감당이 안 될 정도로 흥분하셔서 서로 드잡이를 할 정도로 싸우실 때도 있고요."

내가 잔뜩 인상을 쓰며 좀 과할 정도로 난처한 표정을 짓자,

"그렇군요. 많이 힘드시겠어요. 치매라는 건 같이 사는 가족이 제일 먼저 알아차리죠. 그래서 가족들이 대응을 어떻게 해야 좋을지 제일 고충이 크고, 사람에 따라서는 절박함까지 느끼곤 합니다."

의사는 몇 번이나 고개를 끄덕이며 컴퓨터 화면 속 환자 기록 차트에 부모님의 상태를 입력했다.

 그러더니 "어머님께서 아버님이 자주 고함을 치고 화를 낸다고 하시는데, 그럼 어머님은 어떠시죠?" 하고 확인 질문을 했다.

 "아, 네. 어머니도 좀 상태가 안 좋으시긴 해요. 뭘 그렇게까지 성질을 내는가 싶을 정도로 화를 내며 공격적일 때가 있거든요. 매일 사소한 일이더라도 그게 점점 쌓여서 충격파가 서서히 찾아오니까, 제 입장에서는 부모님이 설령 완치까지는 아니더라도 증상을 완화하는 약이 있다면 처방이라도 받고 싶어요."

 "그러시군요. 알겠습니다. 그러면 한약과 항치매 약물을 처방해 드릴 테니 한동안 상태를 보시고, 그래도 완화되는 것 같지 않으면 다른 방도를 생각해 보죠."

 "네, 부탁드립니다."

 이날 나는 필요한 약을 처방받는 것도 중요하지만, 주치의에게 실상을 정확히 이해하도록 설명하는 것이야말로 매우 중요함을 절실히 깨달았다.

 다만, 이걸로 모든 일이 끝나는 게 아니니 노인 돌봄은 절대로 쉽지 않다.

어디까지나 우리 부모님에게 해당하는 상황이긴 하지만, 약효는 불확실하다. 현재도 별것 아닌 일로 싸움이 끝도 없이 일어나고 있다.

그래도 아버지는 "90세가 넘으면 다 잊고 그러는 거다"라며 당신이 늙은 걸 인정이라도 하지만, 지금도 여전히 어머니는 "난 정신 말짱하니까 한 번 들은 건 절대로 안 잊어"라고 주장 중이다.

하지만 실제로는 잊고 있다는 자체를 잊고 있을 뿐이다.

바로 얼마 전만 해도 그렇다. 올케언니는 매년 생일, 크리스마스, 어머니의 날 등 무슨 날이면 시내에 나가서 맛집으로 소문난 제과점에 가서 케이크를 사 오곤 한다. 그럼 어머니는 '맛있다, 맛있다' 하면서 크게 입을 벌리고 잘도 먹으면서…,

"그 집 케이크가 맛있다는데 아직도 먹어본 적이 없단 말이야. 누가 날 데리고 가주는 것도 아니고, 사 오지도 않으니까."

라며 자신만만하게 말했다. 쓴웃음을 짓는 올케언니 바로 앞에서.

엉덩이를 둘러싼 신경전

"야!"

2층 내 방에서 일하는 중, 아버지가 계단 아래에서 크게 소리를 쳤다.

무슨 대단한 용건도 없는데 야단법석을 떠는 건 늘 있는 일이다. 마음 같아서는 그냥 내버려두고 싶지만, 그러면 일만 더 꼬이고, 이어지는 뒷감당에 드는 노력이 몇 배나 된다는 사실을 경험적으로 잘 안다.

"왜요? 무슨 일인데…."

귀찮아하면서도 나는 계단을 딕탁 내려갔다.

"변좌가 차가우니까 온도 좀 올려다오."

아아, 네, 그러세요. 나는 터치 패널을 눌러 변좌 온도를 올렸다.

'그래, 고맙다'라고 딱 끝나면 좋겠지만, 아버지는 그런 사람이 아니다.

이튿날, 아버지는 입을 열자마자 "변좌 온도를 더 올려줘"라는 말을 반복했다.

"제일 높은 온도로 맞췄으니까 더는 따듯하게 못 해요"라고 타일러도 아버지는 "아니야. 전에는 더 따듯했다고" 하며 바득바득 우길 뿐 물러서려 하지 않았다.

손으로 만져보니 변좌는 뜨뜻한 게 적정 온도를 유지하고 있었다.

"알맞게 따듯한데 왜 그래요? 비데 만드는 곳에서 화상 안 입게 온도 설정을 해놓은 거라 더 뜨겁게는 못 해요."

그렇게 설명했지만, 늘 그랬듯 아버지는 들으려 하지도 않았다.

"더 따듯해질 텐데 무슨 소리야!"

그리고 3초 후, 아버지는 격노 모드로 돌입했다.

사실 이런 실랑이는 처음이 아니다. 마치 이제야 또 생각났다는 듯 종종 엉덩이 관련 사건이 터져서, 그럴 때마다 속에서 천불이 나는 경험을 겪곤 한다.

지난번에도 아버지는 온수 온도가 낮다느니, 항문에 물이 잘 안 닿느니 하며 크게 화를 내면서 비데 수리업자까지 불러 집요하게 떼를 써댔다.

"별문제 없는 것 같은데요."

업자가 그렇게 말하자, 지금까지 우겨댄 것이 마치 거짓말인 것처럼 아버지의 기분이 좋아졌다.

한마디로 우리 아버지는 가족의 호소는 절대로 안 들어도 전문업자의 말이라면 바로 수긍하는, 꼬일 대로 꼬인 노인이었다.

내가 무슨 아버지 엉덩이 당번이냐고요!

그렇게 큼지막하게 써서 화장실 앞에 붙여놓고 싶다.

"그러니까! 제일 온도 높인 거라고 했잖아요. 그래도 차가우면 그건 아버지 엉덩이 쪽 신진대사가 잘 안 돌아서 그런 거라고요."

이날도 나는 질린다는 얼굴을 숨기지도 않고 똑같은 말을 했다.

그러나 아버지는 쉽게 물러나지 않았다.

"네가 못 고친다면 쓸데없는 소리 말고 어서 기술자 부르면 되잖아!"

이마에 핏대까지 세우며 역정을 낸다.

재래식 화장실 시대에 살았던 1930년대생. 학교의 화장실이며 역 화장실이며, 공공시설은 어디든 간에 지금처럼 쾌적한 화장실은 아니었을 것이다.

그런데도 왜… 이 노인네는 엉덩이 관련만 되면 이렇게나 분노 스위치가 켜지는 걸까.

업자한테 미안하긴 했지만, 직접 전문가가 봐주지 않으면 아버지의 화가 가라앉지 않는다는 것만큼은 경험적으로 잘 안다. 나는 화장실 수리를 해주는 전문업자에게 전화를 걸었다.

이튿날 오전 10시 넘어서 점검하러 온 업자를 반갑게 맞이하는 아버지. 내가 상황을 설명하려 하자 "넌 좀 빠져!"라며 의기양양하게 나선다. 상대방은 아버지를 귀찮은 노인네라고 생각해도 함부로 대할 수는 없을 것이다.

"그럼 좀 살펴볼까요."

업자가 점검을 시작하자 아버지는 "자네, 얼마 전에도 온 사람이지?"라며 이런저런 말을 걸었다.

받은 명함을 가지고 전화를 걸었으니 당연히 같은 사람이 오겠죠! 그 모습을 곁눈질하면서 나는 속으로 타박을 했다.

"특별한 문제는 없지만, 연식이 좀 오래됐으니 수리보다는 교체가 더 쌀 거예요."

가전제품이든 주방 및 화장실이든 항상 수리를 부탁하면 업자는 '반드시'라고 해도 될 정도로, '사는 게 차라리 싸다' '교체가 더 싸다'라는 말부터 자동으로 나온다. 역시 예상은 했지만, 업자는 '팔아서 돈 버는 게 제일이다' 정신을 전면적으로 드러낸다.

"그래? 그럼 교체나 할까. 교체하면 변기도 더 따듯해지겠지?"

느긋하게 대답하는 아버지를 제치고 대화에 끼어든 나는,

"교체하면 얼마나 돈이 드나요?"

얼른 확인부터 했다.

"10만 엔 정도 비용이 들 것 같아요."

그렇겠지. 그 정도 돈이 들 수밖에. 그렇게 생각하면서도 나는 '그럼 그 10만 엔은 누가 내는데!' 하고 속으로 버럭 고함을 쳤다.

망가지지도 않았다. 온도도 적당히 잘 유지되고 있다. 하지만 난리를 치는 건 아버지뿐, 아무도 그걸 문제 삼지 않는다. 그런데도 교체를 하고…?

내가 아버지를 제대로 감당하지 못 하는 걸 잘 알면서, 평소에는 온갖 참견을 다 하며 주도권을 잡으려고 하는 어머니는 꼭 이럴 때는 '나와는 상관없는 일이다'라는 자세로 일관

하며 거실에서 텔레비전만 볼 뿐이다.

아무리 업자 앞에서라도 그리 쉽게 교체에 동의할 수는 없다.

"아직 쓸 만한데 바꿔버리면 아깝잖아요. 그리고 그 10만 엔은 누가 낼 건데요? 난 못 내요."

나는 확실하게 못을 박았다.

그러나 아버지는 의기양양하게 대꾸했다.

"당연히 돈은 내가 내야지!"

치켜든 주먹을 더 번쩍 쳐드는 기세였다.

평소에는 낭비벽 있는 어머니가 쓸데없는 걸 사 올 때마다 "작작 좀 해!"라고 인상을 쓰는 아버지가 엉덩이에 관련된 일이라면 제대로 불이 붙어 수습이 안 된다.

조만간 부모님이 요양원에 들어가기라도 한다면 그 비용이 감당이 안 될 것이다. 그때를 위해 쓸데없는 비용 지출은 조금이라도 줄이고 싶은데.

하지만 이 고집불통 노인네는 사람 속 끓이는 솜씨가 보통이 아니다.

"그럼 잠시 돌아가서 재고가 있는지 확인해 보고 작업 날짜를 연락드리겠습니다."

"2, 3일 내로 바꿀 수 있나?"

"재고가 있으면 내일이라도 바로 가능해요."

"오, 그럼 다행이네."

곁에 있는 나는 터질 것 같은 가슴을 간신히 억누르고 있는데, 아버지는 갖고 싶었던 장난감을 누가 사주기라도 한 것처럼 활짝 웃고 있다.

업자로부터 전화를 받는 것도, 작업 중 지켜보는 것도, 들어간 비용을 지불하는 것도 전부 아버지가 아니라 바로 나다. 아버지가 돈을 내든, 내가 내든 우리 집 지갑에서 10만 엔이 빠져나가는 건 변함이 없다. 기껏 해봤자 10만 엔, 그래도 10만 엔. 서민에게 있어 결코 얕볼 수 없는 금액이다.

"변좌 온도가 별로 달라진 것 같지 않은데."

원하는 대로 교체까지 한 화장실을 쓸 때마다 아버지가 하는 소리에, 내 마음은 걷잡을 수 없이 복잡해진다.

겨우 변비로 응급실행

"요즘 2, 3일 내내 아무리 힘을 줘도 안 나와."

일요일 아침, 아래층으로 내려가자 아버지가 뭐라고 중얼거리고 있다.

"안 나오다니, 혹시 변비에요? 배는 안 아프고?"

나는 그냥 놔둘 수는 없어 일단 확인부터 했다.

"아프지는 않아."

그렇다는 건 그리 심각한 상황이 아닌 모양이다.

"그럼 물도 더 많이 마시고 상황을 지켜보는 게 어때요? 아니면 현미죽이라도 드실래요? 드실 거면 만들 테니까."

"그래, 그럼 좀 만들어봐라."

이런 대화를 하고 5시간 후 내가 점심 준비를 하고 있는데,

"네 아버지가 변비 때문에 고생하니까 병원까지 차로 태

우고 가라."

이미 점심 식사를 마치고 〈NHK 노래자랑〉을 보고 있던 어머니가 명령조로 말했다.

"아버지, 배 아프세요?" 다시금 본인에게 확인하자,

"안 아프다니까"라는 느긋한 대답만 되돌아왔다.

"변비 같은 거로 일요일에 응급실까지 가긴 좀 그러니까, 내일 아침까지 기다렸다가 안 나오면 병원 갈게요."

"그래."

아버지는 바로 수긍했다.

그런데도 병원이든 어디든 외출을 매우 좋아하는 어머니가 "넌 딸이라는 게 어쩌면 그렇게 박정하니!" 라며 마치 내 잘못이라는 듯 따지고 들었다.

"그러니까! 오늘은 일요일이라서 병원이 쉬는 날이라고요. 쓰러져서 의식이 없거나 아파서 데굴데굴 구르는 거면 모를까, 본인이 안 아프다고 하는데 변비로 응급실이라니 그게 말이 돼요?"

그렇게 타일렀지만, 어머니는 아에 들을 생각도 안 했다.

오히려 '네가 병원 가기 싫으니까 일부러 그런 말을 하는 거 아니냐' '하여간 중요할 때 도움이 안 돼'라며 내 성질을 긁었다.

늘 있는 일이라 어머니를 무시하고 점심 준비를 계속하고 있자니,

"여보세요? T 병원이죠? 우리 영감이 변비로 고생하는데 데리고 가도 되나요?"

거실에서 어머니 목소리가 들려왔다.

그러나 귀가 거의 들리지 않는 90세의 노모. 일방적으로 자기 할 말을 전달하긴 했으나, 상대방이 하는 말을 전혀 알아들을 수가 없는 모양이다.

"무슨 말을 하는지 모르겠네. 저기, 안 들려요. 뭐라고? 여보세요, 여보세요…. 안 들린다니까!"

고막이 찢어질 정도로 크게 고함을 친다.

그 제멋대로의 행동을 못 본 척 넘어가고 싶었지만 괜히 남한테까지 폐를 끼치는 이상, 더는 그냥 내버려둘 수는 없었다.

"여보세요, 휴일에 죄송합니다. 아흔둘 되시는 아버지께서 최근 변을 보기 힘들어 하세요. 배가 부풀어서 아프다고 하시는데, 혹시 괜찮으시면 진찰받으러 가도 될까요."

어머니한테서 전화를 빼앗은 나는 최대한 정중하게, 마치 상황이 긴급한 것처럼 설명하면서 보이지도 않는 상대에게

연신 머리를 숙였다.

"감사합니다. 그럼 바로 모시고 가겠습니다."

전화를 끊고 나는 아버지에게 "봐준다고 하니까 어서 준비하세요"라고 알린 후, 자동차 키를 가지러 계단을 올라가려는 순간이었다.

날씨 좋은 일요일 오후, 외출하고 싶어서 몸이 근질거리던 어머니에게 뜻밖에 찾아온 외출 기회. 이거 잘됐다 싶은 마음인 모양이다. 어머니는 당장 뛰쳐나가려는 기세로 벌떡 일어섰다.

하지만 절대로 그렇게는 안 되지.

"코로나 때문에 한 명만 동반 가능하대요."

귀가 안 들리는 어머니 귀에 대고 날카롭게 설명하자,

"한 명까지만 되면 내가 가마."

어머니는 벌어진 입을 차마 다물 수 없을 만한 소리를 한다.

"차 운전은 내가 해야 하잖아요. 걷는 것도 힘든 90세 할머니가 응급실에 같이 가봤자 병원에 폐만 될 뿐이에요. 어머니는 생각하는 것보다 훨씬 나이가 많아서, 환자를 돌볼 수 있는 상태가 아니라니까."

평소보다 내 목소리에 가시가 돋쳐 있었나 보다.

어머니도 이 상황은 자기한테 불리하다고 여겼는지, 무슨 말을 하고 싶은 눈치였지만 조용히 거실로 돌아갔다.

T 종합병원까지 차로 5분 거리.
"주차장이 텅 비었네."
차에서 내린 아버지가 느긋하게 중얼거린다.
"그러니까! 오늘은 일요일이라 병원이 쉬는 날이라고요. 응급 환자 이외는 안 받는단 말이에요." (대체 오늘 몇 번이나 '그러니까!'라고 고함을 쳐야 하는지.)
"오, 그러냐. 오늘 일요일이구나? 어쩐지 한산하다 했네."
그렇게 말하면서 아버지는 휘적휘적 걸어 응급실이라고 적힌 입구로 걸어갔다. 아무리 봐도 저건 다급한 환자 걸음걸이가 아니다.
"아까 전화했던 사람인데요."
나는 민망함을 무릅쓰고 인터폰을 눌러 용건을 알렸다.
"지금 선생님 모셔 올 테니 여기서 잠시 기다려주세요."
안내된 진찰실 앞 의자에 앉아 잠시 의사를 기다렸다. 휴일이어서 아버지와 나 말고는 아무도 없었다.
'응급의학과'라는 완장을 단 의사가 종종걸음으로 다가오자 나는 "잘 부탁드립니다" 하며 아버지를 모시고 진찰실로 들어갔다. 어쩐지 의사의 눈이 부어 있는 것 같다. 밤을 새우는 바람에 쪽잠을 자고 있었던 게 아닐까. 환자 처치를 하느라 바빴던 게 아닐까. 그런 미안함에 나도 모르게 별별 걱정을 다 했다.

"변이 안 나오게 된 게 며칠 되셨죠?"

"4, 5일 정도…."

의사가 진찰대에 누운 아버지의 배를 누르며 촉진한다.

"여기 아프세요?"

"안 아파."

"여긴 어떠세요?"

"안 아파."

아프지 않으면 병원에 오질 마! 전문가인 의사 앞에서 결코 이런 말은 할 수 없어서, 나는 속으로만 의사의 심정을 대변했다.

"간호사가 관장해 드릴 테니 준비될 때까지 밖에서 기다려 주세요."

"휴일에 정말 죄송합니다. 별일 아닐 것 같지만 고령이시다 보니…."

진찰은 촉진만 겨우 2, 3분 정도 걸렸지만, 나는 열심히 고개를 숙였다.

"기다리시게 해서 죄송합니다. 가족분께서는 이쪽에서 기다려주세요."

 잠시 후, 20대 정도로 보이는 간호사를 따라 아버지가 가벼운 걸음걸이로 처치실로 들어갔다.

 "우선 변을 부드럽게 하는 약부터 드세요. 오른손으로 컵을 쥐시고 네, 천천히 드시면 돼요."

 안에서 간호사 선생님의 부드러운 목소리가 들린다.

 "다 드셨으면 바지와 팬티를 벗으시고 침대에 누워 벽 쪽으로 몸을 돌려주세요. 혼자 올라가실 수 있으세요?"

 "그래, 올라갈 수 있어."

 분노 스위치가 딱 꺼졌을 때의 아버지는 맥 빠질 정도로 얌전하고 말도 잘 듣는다.

 "자, 그럼 항문으로 관장 시작할 테니 편히 계세요. 괜찮으세요? 아프지는 않으시고요?"

 "안 아파."

 "자, 힘 빼세요."

 간호사 선생님과 아버지의 대화를 벽 너머로 들으며 나는 쓴웃음과 한숨을 동시에 흘렸다.

 "이제 나왔어요. 많이 나왔네요. 네, 잘하시네요. 많이 나오긴 했는데 아직 더 나올 것 같으세요?"

 "좀 더 나올 것 같긴 하네."

"그러세요. 그럼 좀 더 힘내보세요."

'똥이 많이 나왔다'라느니 '그래, 잘한다'라느니 하는 칭찬은 어린아이 배변 훈련 때나 들을 수 있는 말이리라. 아무리 이게 일이라고 해도 그렇지, 92세 할아버지한테 '그것도 휴일에' 관장 처치를 해주는 간호사 선생님에게 정말 죄송하다며 두 손 모아 감사드렸다.

"어때요, 아직 더 나올 것 같으세요?"

"이제 안 나와."

"개운하세요?"

"응, 개운하네."

아버지는 개운할지 몰라도 답답해서 속이 터질 것 같은 나는 어쩌면 좋냐고요.

혼자 대기실에서 갈 곳 없는 짜증에 휩싸인다.

"그럼 엉덩이 닦아드릴게요. 어디 불편한 곳은 없으시고요?"

"없어."

"자, 이제 다 됐습니다. 천천히 내려오시고요. 속옷과 바지 다 입으시고 가족분과 함께 수납 창구에서 기다려주시면 되겠습니다."

아버지를 모시고 처치실에서 나온 간호사 선생님은 아버

지의 변이 들어 있을 것으로 보이는 비닐봉지를 손에 들고 있었다.

"고생 많으셨습니다. 정말 감사합니다."

나는 일어나 깊이 머리를 숙였다.

설마 변비로 휴일에 종합병원 응급실에 가게 될 줄이야…. 늙으신 부모님과 함께 살지 않으면 절대로 경험할 수 없는 일이다.

집으로 돌아오자마자 마음을 다잡고 점심 준비를 다시 시작했다.

이미 점심 먹을 시간은 한참 지나서 식욕도 없었지만, 가볍게라도 끼니를 챙기는 게 좋을 것 같아서 남은 채소와 돼지고기로 볶음 우동을 만들었다.

"웬 맛있는 냄새가 나나 했더니 이제 와서 점심 먹니…?"

다 만들어진 볶음 우동을 들여다본 어머니가 태연하게 물었다.

이제 점심 먹어서 미안하네요! 이게 다 누구 때문인데!

독설을 쏟아내고 싶은 심정을 꾹 참은 채 나는 속으로만 방아쇠를 당겼다. 냉동실에서 꺼낸 아이스크림 하나를 들고 거실로 서둘러 돌아가는 어머니의 등 뒤에 대고서.

그날 밤, 또다시 사건이 터졌다.

이불 안에서 변의를 느꼈지만, 화장실 가는 데까지는 못 버틴 모양이다. 아버지가 복도에서 변을 지리고 말았다.

"약은 더 안 먹어도 되지?"

저녁 식사를 마치고 나서 아버지가 확인하길래,

"쌓였던 변을 전부 빼냈으니까 오늘은 약 안 먹어도 돼요. 또 변비가 생겼을 때를 대비해서 미리 처방받은 거니까" 하고 나는 대답했다.

그렇지만 내가 2층 내 방으로 올라간 후에,

"기왕 받아 왔으니까 먹지 그러우?"

어머니한테 이런저런 소리를 들었는지 아버지는 변을 무르게 하는 약을 먹고 말았다.

아무리 92세라고 해도 아버지는 지금까지 종이 기저귀 신세를 져본 적이 없어서, 이런 갑작스러운 실수에 다른 누구보다도 본인이 제일 충격이었나 보다.

"할멈이 자꾸 먹으라고 난리를 치니까."

어깨를 떨구며 시무룩해졌다.

어머니는 그렇게 풀 죽은 아버지에게,

"이런 야밤에 똥 치우기나 하게 될 줄이야!"라느니 "종이 기저귀를 입으면 이제 다 끝났지 뭐"라느니 잔소리를 하면서, 이때다 싶은 듯 부부간 우위를 점하려 했다.

"따지고 보면 어머니가 엉뚱한 소리를 해서 그렇잖아요! 같이 병원에 간 것도 아니고 의사 말을 들은 것도 아니면서 뭘 자꾸 끼어들어요? 설사제 같은 거니까 약 먹으면 바로 쌀 게 뻔하잖아요!"

속에서 열불은 나지만, 한밤중에 똥 문제로 90세 노모랑 싸워봤자 그저 허무할 뿐이다.

나는 아버지에게 종이 기저귀를 입힌 다음, 더러워진 팬티와 잠옷을 가지고 욕실로 달려갔다.

"역시 약 먹지 말 걸 그랬지?"

아버지는 어머니의 말에 휩쓸려 약 먹은 걸 후회하는지, 아니면 그런 실수를 저지른 자신에게 한심함을 느끼는지 나한테 몇 번이나 그렇게 물었다.

"그러니까! 저녁 먹을 때 그랬잖아요. 변이 물러지는 약이니까 며칠이나 못 쌀 때만 먹으면 된다고."

이제 잠자리에 들려는데 억지로 일어나게 됐던 나는 절로 언성을 높이게 됐다.

"<u>스스로</u> 화장실도 못 가면 이제 요양원 가는 수밖에 없겠네."

평소 '난 절대로 요양원에는 안 들어갈 거다'라고 호기롭게 말하던 아버지가 옷을 갈아입으며 혼잣말로 중얼거린다.

잔뜩 화를 낼 때는 감당하기도 어려울 만큼 얄밉지만, 어느새 딸인 나보다 덩치가 작아진 늙은 아버지의 굽은 등을 보고 있자니, 어쩌면 자신의 노화에 제일 당황하고 있는 건 아버지일지도 모른다는 생각이 들었다.

하지만 매일 한밤중에 실금이 이어진다면 내가 먼저 쓰러진다.

"이제 자도 괜찮을까…."

"혹시 모르니 한 번 더 화장실 가 보고 안 나오면 괜찮을 거예요."

"그래."

화장실에서 나온 아버지는 잠옷 바지 자락을 질질 끌면서 침실을 향해 터벅터벅 걸어갔다.

그 축 처진 뒷모습을 멍하니 바라보고 있자니, 내가 어릴 때 봤던 아버지의 구릿빛 등을 더 이상 떠올릴 수 없게 된 지 얼마나 지났을까, 문득 생각했다.

주도권을 쥐고 싶은 마음은 알겠는데

아침 8시가 넘어서 식사 뒷정리를 하고 있는데, 짐칸에 다다미를 잔뜩 실은 낯선 트럭 한 대가 우리 집 정원으로 들어왔다.

이게 무슨 일이지…?

정원 쪽 창문을 연 나는 차에서 내린 남자에게 "누구세요?"라고 물었다.

"지난주 목요일에 전화를 받아서, 2층 방 다다미를 교체하러 왔습니다."

다다미를 교체한다고…? 금시초문이다.

"아버지, 이거 알고 계셨어요?"

"난 몰라. 또 할멈이 멋대로 부른 거겠지."

식탁 앞에 있던 아버지가 얼굴을 찡그렸다.

갑자기 다다미를 새로 깔자고 해도, 일본식 방에는 어머니의 기모노로 가득 찬 일본식 장롱과, 아버지가 쌓아둔 책들로 가득 찬 책장이 네 개나 버티고 있다.

그 양과 무게를 생각해 보면, 그리 쉽게 가구를 움직일 수 있는 게 아니다.

대체 그걸 다 어떻게 할 셈인지…. 내가 고개를 갸웃거리고 있는데,

"아, 벌써 왔구나. 자자, 2층으로 올라오세요."

하며 화장실에서 나온 어머니가 의기양양한 표정으로 남자를 안내하기 시작했다.

"어머니, 왜 미리 얘기 안 해줬어요?"

고향으로 다시 돌아온 후부터 몇 번이나 반복해 왔던 말을 또 해봤지만,

"왜 내가 너한테 일일이 다 보고해야 하는데?"

어머니는 미안해하는 기색도 없었다.

누군가와 상의하는 일이 패배라고 생각하는 건가. 어머니는 외출도, 통원도, 전문가에게 일을 맡기는 것도, 생활과 관련한 모든 것을 남편인 아버지한테도 미리 알리는 법이 없다.

"할멈은 자기가 세상에서 제일 잘난 줄 알지."

아버지도 아주 포기를 해버렸다.

"그럼 기모노 서랍장이랑 책장은 어떻게 할 거예요? 저걸 그냥 두고는 다다미를 못 갈 거 아니에요."

"이 다다미 가게 사람이 알아서 다 해준다네?"

그럴 리가 있겠나… 싶으면서도,

"정말로 그래요? 짐이 엄청 무거운데…."

조심스럽게 확인했다.

"아뇨, 내용물만 다 꺼내두시라고 전화로 부탁드렸는데."

다다미 업자가 단호하게 대답했다.

"이분이 이렇게 말하는데 어쩔 셈이에요?"

내가 불쾌함을 감추지 않고 묻자,

"어, 그랬어? 난 다 알아서 해주는 줄 알았지."

어머니는 태연하게 대답했다.

"해주는 줄 알았다니? 그건 어머니가 마음대로 생각한 거잖아요. 다시 묻겠는데, 서랍장이랑 책장에 기모노랑 책이 잔뜩 들은 판국에 그걸 누가 꺼내고 누가 옮길 건데요? 이 업자분은 그런 것까지는 안 해주신다잖아요."

뒷정리하는 건 늘 항상 나다.

"정원에 다다미가 쌓인 트럭이 왜 있는 거야? 뭘 하려고?"

마침 근처에 사는 오빠가 의아한 표정으로 2층으로 올라왔다.

"아버지한테도, 나한테도 상의 하나 없이 다다미 업체에 이걸 주문했다는데, 이 서랍장이랑 책장을 어떻게 할지 지금 얘기 중이야."

"또? 왜 미리 상의를 안 하는 건데요! 혼자서는 아무것도 할 수 없으면서 마음대로 결정하지 말라고 매번 얘기하는데!"

나보다 오빠가 더 분노를 표출하고 있지만, 어머니는 결코 자기 잘못을 인정하려 들지 않았다.

"왜 일일이 너희와 상의를 해야 하는데?"

마치 귀신처럼 눈을 치켜뜨며 따진다.

"그러면 대체 이 엄청난 양의 책과 기모노는 어쩔 건데요? 어머니가 다 혼자 옮길 거예요? 혼자서 못 할 일이면 도와줄 사람의 사정도 확인해 봐야 하잖아요. 왜 그런 당연한 생각을 못 해요?"

귀에 못이 박히게 말을 했건만, 무슨 말을 해도 귀 기울이지 않는 어머니. 오히려,

"얹혀사는 주제에 말이 많네."

적대감만 표출한다.

얹혀산다고…? 지금 얹혀산다고 그랬어?

설마 친어머니한테 이런 말을 듣게 될 줄이야….

겉으로는 냉정함을 유지하고 있었지만, 속으로는 대형급

태풍이 다가오는 듯 험한 파도가 요동쳐댔다.

"그래, 난 항상 어머니가 싫었어."

어릴 때부터 억눌러 왔던 어머니에 대한 형언할 수 없는 복잡한 감정이, 이 순간 뱃속 깊은 곳에서 마그마처럼 솟구쳐 올라왔다.

"눈에 딱 띄는 게 예쁘지?"

옛날부터 다른 사람보다 훨씬 튀고 화려한 걸 좋아했던 어머니는 자기 취향인 선명한 분홍색이나 오렌지색, 화려한 무늬가 들어간 블라우스나 스커트를 사 와서, 그걸 어린 나에게 입히며 기뻐했다.

그러나 아무리 모녀지간이라고 해도 서로 인격이 다르고, 취향이나 가치관도 일치하지는 않는다. 사실 나는 혼자 튀어 보이는 게 고통일 뿐이었고, 어머니의 취향에 강요당해서 늘 좌우 신발을 거꾸로 신은 것처럼 불편함만 느끼기도 했다.

그러나 어렸던 나는 그걸 거부하는 법을 알지 못했다.

"어머니가 사 오는 옷, 나는 다 싫어."

도저히 받아들일 수 없는 감정을 가슴 속에 품은 채 성장한 나는 집을 나왔다.

딸은 어머니의 부속품이 아니고, 어머니의 욕구를 채워줄 대체물도 아니다. 사회인이 된 나는 어머니와 거리를 두면서 어머니를 반면교사로 삼게 됐다.

그런 어머니와 딸이 40년이 지나 동거를 시작했으니, 서로 반목하는 일이 생기는 것도 지극히 당연한 일일지도 모른다.

"저어…."

업자의 부름에 내 정신은 현실로 돌아왔다.

준비를 다 마치고 대기 중인 업자 앞에서 계속 모녀 싸움을 할 수도, 나 자신의 속마음과 마주하고 있을 수도 없다. 속에서 나는 천불을 꾹 누르고, 마스크와 목장갑을 끼고서 정리를 시작했다. 그리고 걸레와 빗자루, 책장에서 꺼낸 책들을 묶을 비닐 끈을 준비해 바로 작업에 돌입했다.

그러자 이런 상황에서는 도망치는 게 상책이라고 생각하는지, 묵묵히 일하고 있는 나를 곁눈질로 바라보며 노모는 서둘러 계단을 내려갔다.

어휴…. 제멋대로 씨를 뿌려놓고, 거두는 건 저인가요?

정말 얄밉기 그지없지만, 업자 앞이라 얼른 손부터 움직일 수밖에 없다.

그리고 30분 동안 일본식 서랍장 속의 기모노를 옆방으로 옮기고, 책장에서 꺼낸 몇백 권의 책을 끈으로 묶어 1층 창고까지 옮기는 작업을 끊임없이 반복했다.

"이거 1층으로 가지고 가도 되나요?"

시종일관 모녀 싸움을 목격한 업자가 보다못해 일을 도와줬다.

작업을 시작하긴 했지만, 수십 년 동안 정리한 흔적이 없는 책장은 안에 꽂힌 책을 조금만 움직여도 먼지가 날려서 마스크를 써도 코가 근질거렸다. 당연하지만 책을 꺼낸 책장에도 눈을 돌리고 싶을 정도로 먼지가 수북하다.

그러니까 미리 상의하라고 하잖아!

마음속으로 소리를 질러봐, 인내심이 한계에 다다른 내 분노는 어머니에게 닿지도 않는다.

그러기는커녕 책을 한가득 안고 몇 번이나 1층과 2층을 오가는 내 모습이 눈에 들어오지 않을 리 없는데, 어머니는 거실에서 떡 하니 자리 잡고 앉아 와이드쇼에 푹 빠져 있다.

그 뻔뻔함에 분노를 넘어 아예 어이가 없을 지경이다.

업자까지 끌어들여 결국 대청소를 했다. 텅 빈 책장과 서랍장을 옆방으로 옮긴 후, 훌훌 피어오르는 먼지를 빗자루로 쓸고 젖은 걸레로 닦아내고 나서야 업자도 본래 해야 할 작업에 돌입했다.

그러자 그 타이밍을 쟀다는 듯 머리에 수건을 쓴 어머니가 총채를 가지고 2층으로 휘적휘적 올라왔다.

하여간 늘 그랬듯, 뭘 하려는 시늉만큼은 잘한다. 어머니는 장지문 살에 쌓인 먼지를 겨우 두세 번 툭툭 털더니 "어휴, 허리가 아프네. 어이구, 어이구" 하면서 얼른 아래층으로 내려갔다.

"오늘은 2층 방의 다다미를 바꾸느라 아침부터 정신없이 바쁘지 뭐야."

2층 창문으로 정원 쪽을 내려다보니, 수건을 쓴 어머니가 마침 지나가던 동네 사람에게 그렇게 말하고 있었다.

정신없이 바쁜 건 어머니가 아니라 바로 나라고요!

귀가 안 들리는 어머니를 향해 확성기를 써서라도 그렇게 소리치고 싶다.

"딸이 도쿄에서 돌아왔다면서. 그냥 다 맡기면 되잖아."

"딸한테 맡기고 있으면 일이 빨리 끝나겠어? 하여간 고생해서 키워놔도 도움이 안 된다니까."

동네에 다 들릴 만큼 큰 목소리로 나를 깎아내리고 있다.

하지만 이것도 늘 있는 일이다.

아버지의 말대로 어머니는 진심으로 '내가 세상에서 제일 잘났다' '모든 게 내 마음대로 된다'라고 생각하는지도 모른다.

결국 이날도 내 일을 뒤로 미룬 채, 다다미 업자 대응에 쫓기느라 하루가 끝나고 말았다.

책과 기모노 등 무거운 것을 잔뜩 옮겨서 그런가 보다. 마치 마라톤 풀코스 완주라도 한 것처럼 온몸의 근육이 욱신거리기 시작한다.

대체 언제까지 이런 날이 이어지는 걸까….

팔과 허벅지에 스프레이 파스를 뿌리면서, 나는 오늘 몇 번째인지도 모를, 내키지 않는 한숨을 토해냈다.

썩어가는 음식으로 냉장고는 항상 초만원

'본가에 갔더니 냉장고 안에 달걀 팩, 비엔나소시지가 몇 개나 들어 있었다.'

'우리 시어머니는 장을 보러 갈 때마다 당근과 감자를 사 온다.'

'시댁의 주방은 식료품이 산처럼 쌓여서 발 디딜 틈이 없어 무섭다.'

노인들의 이런 일화들은 일일이 열거할 수 없을 정도로 흔하나.

우리 집 냉장고도 예외는 아니어서, 어머니가 매일 열심히 사다 나르는 식재료로 늘 초만원이다.

우리 집 앞에는 신선식품 이외에 많은 물품을 취급하는 대형 잡화점, 그리고 천천히 걸어도 몇 분 안 걸리는 거리에 종합 슈퍼와 편의점이 있다. 고마울 정도로 편리하지만, 식욕과 쇼핑욕이 심하게 왕성한 어머니가 있는 우리 집에는 고통일 뿐이다.

'우리 집이 무슨 합숙소냐고요!'

그렇게 타박을 주고 싶을 정도로, 어머니는 틈만 나면 뭘 사러 나가서 눈에 띄는 것을 닥치는 대로 사 온다.

게다가 집에 뭐가 있고 없는지, 정말 필요한지 아닌지, 유통기한이 임박한 것은 없는지 등의 관리는 이미 할 수 없게 된 지 오래된 90세.

어머니가 마치 축제 날에 놀러 나간 아이처럼 신이 나서 욕구에 따라 마구 사들이는 바람에, 물크러져 질척해진 푸성귀나 숙주 등의 채소류, 이미 유통기한이 훨씬 지난 베이컨과 묵, 곰팡이가 핀 조림과 절임 반찬, 거기에 몇 년 전 일자가 찍힌 냉동식품까지, 우리 집 냉장고는 늘 음식으로 넘쳐난다.

그러면 네가 직접 장을 보고 식재료 관리를 하면 되지 않느냐고 생각할지도 모르겠으나, 그것이야말로 노인과 함께 살아본 적이 없는 사람이 할 소리다. 그게 가능하다면 누가 고생을 할까.

"슈퍼에서 파는 튀김 음식은 어머니밖에 안 먹는데 왜 이렇게 닭튀김에 채소튀김까지 잔뜩 사 와요?"

"먹는 양을 고려 안 하고 사니까 항상 음식이 썩잖아요."

"그렇게 먹고 싶으면 2, 3개만 포장된 걸 고르거나 먹을 만큼만 사면 되잖아요. 소포장으로도 파니까."

거의 매일 이런 대화가 끊임없이 오가지만,

"얹혀사는 주제에 부모한테 어딜 일일이 참견이야?"

라는 말을 진지한 얼굴로 친딸에게 내뱉는 사람이 나한테 장보기를 맡길 턱이 없다.

어느 날, 어머니가 서른 개 가까이 든 초콜릿 크루아상을 사 왔다.

"이렇게 많이 누가 먹는다는 거예요?"

"내가 먹지."

이날도 어머니는 이제 듣기도 진절머리가 나는 말을 태연히 반복했다.

아아, 그러세요, 어머니가 다 드신다고요? 근데 항상 다 못 먹고 버리잖아요. 그렇게 따지고 싶은 마음이지만, 나는 말해봤자 아무 소용도 없다는 걸 잘 안다.

'한 번에 다 못 먹으면 냉동해 놓으면 되잖아요. 우리 집도 주말에 음식을 잔뜩 사서 냉동해 두는걸요' 하고 말하는 사람들이 있겠지만, 나도 '오늘내일 다 못 먹을 양은 냉동해요'라고 지금껏 몇 번이나 일렀는지 모른다.

빵만이 아니다. 우동이나 쌀밥 등의 냉동 보관은 이제 상식과도 같은데, 그걸 아무리 설명해도 어머니는 '내가 몇십 년이나 부엌일을 했는데 내 앞에서 잘난 척이냐'라며 고집스럽게 새로운 방식을 받아들이려 하지 않는다.

보나 마나 이 크루아상도 3주일 정도 방치됐다가 쓰레기통으로 갈 거라고 생각하며, 이날 역시 나는 또 못 본 척을 했다.

개호 인정 처리를 해주는 지자체의 '개호 지원 전문원'에게 이런 상황을 알렸지만,

"돈 관리는 따님이 하시고, 필요한 돈만 부모님께 드리는 건 어떠세요?"

라는 예상했던 대답만 돌아왔다.

이미 짐작했겠지만, 그게 되는 일이었다면 벌써 하고도 남았다.

전에 우리 집에 수금하러 왔던 업자와 어머니 사이에 '돈을 냈다, 안 냈다'의 문제로 실랑이가 벌어졌을 때, 사태의 진상을 파악하기 위해 끼어든 나에게 어머니는,

"넌 상관없으니까 빠져!"

라고 눈을 치켜뜰 정도로 기가 센 분이다.

예금 관리를 장남인 오빠한테 맡기고 필요할 때만 돈을 받아 쓰는 아버지와는 대조적으로, 어머니는 통장과 도장은 물론 지갑까지 우리 남매는 건드리지도 못하게 하고, 기어서라도 ATM까지 꼭 직접 돈을 뽑으러 간다.

앞으로 더 나이가 들어서 외출하지 못하게 됐을 때, 요양원에 들어가게 됐을 때, 어머니는 과연 우리한테 통장과 도장을 건네긴 할까….

그건 신만이 알 뿐이다.

하긴, 얹혀사는 내가 걱정할 일은 아니겠지만.

'아깝다'라는 명분 아래

 부모님이 세상을 떠난 후 이 집에 남은 물건을 정리하는 데 얼마나 많은 시간이 걸릴까….

 쌓이고 쌓인 잡동사니를 앞에 둔 채 한숨을 쉰다.

 '노인들은 물건을 쌓아두는 경향이 있다'라고 하지만, 오랫동안 어머니가 쥐고 흔들었던 우리 집도 예외는 아니었다. 집 안에 쌓인 물건의 7~80퍼센트는 이미 존재마저도 잊은 것들이다.

 수납공간만큼은 부족함이 없는 시골의 단독주택. 주방에는 식기장이 세 개나 떡 하니 자리를 차지하고 있고, 그 안에는 마룻바닥이 푹 꺼질 정도로 식기가 잔뜩 채워져 있다. 거의 나올 일이 없는 찬합부터 선물로 받고 한 번도 쓴 적이 없는 다완이나 컵까지, 그 양은 세어보는 것도 무섭다.

서랍 속에는 나이프나 포크, 스푼, 젓가락 등이 만찬회를 열어도 될 정도로 들어차 있다. 그런데도 어머니는 뭘 사러 나갈 때마다 나무젓가락에 플라스틱 스푼까지 받아서 가져온다.

"젓가락도, 숟가락도 팔아도 될 만큼 있으니까 계산할 때 필요하냐고 물으면 거절 좀 하세요."

그렇게 말해봤자 쇠귀에 경 읽기다.

대기업 제빵 회사의 경품인 흰 식기까지 받으려는 어머니에게 나는 "식기장이 휘어질 정도로 가득 찼으니까 그릇은 이제 필요 없다고요"라고 아무리 말해도, "공짜로 준다는데 받아서 뭐가 문제야?"라며 열심히 응모용 스티커를 모아 그릇으로 교환해 온다.

그것 말고도, 새로 물건 교체를 할 때 오래된 건 바로 처분하면 될 것을, 어찌 된 일인지 전기 포트에 전기밥솥, 커피 메이커에 핫 플레이트까지 영원히 쓰지도 않을 (사용할 수도 없는) 가전제품이 몇 대씩이나 집 창고 한구석에 먼지를 뒤집어쓴 채로 있다.

"왜 자꾸 망가진 가전제품을 집에 놔두는 거예요?"

"언젠가는 쓸지도 모르잖아."

역시 예상대로의 답변이 되돌아온다.

"망가져서 못 쓰게 됐으니까 새 걸 산 거잖아요."

"그렇지."

"그러면 원래 있던 건 안 쓰겠다는 뜻 아니에요?"

이런 의미 없는 대화도 일상다반사다. 어머니가 없을 때를 노리고 몰래 버리기라도 하면 "왜 마음대로 버렸어? 왜!" 하고 천지가 뒤집힐 정도로 난리를 친다.

그러면서 '아깝다'라는 명분을 내세운다.

먹지도 않을 것을 잔뜩 사 와서 버리고, 한가득 만들어서는 다 먹지도 못하고 버리기를 반복하는 사람이 '아깝다'라는 말을 어떻게 할 수 있느냐 싶지만, 서로 인식이 다른 사람끼리 말다툼을 해봤자 영원히 평행선만 달릴 뿐이다. 쓸데없는 노력과 시간 낭비라고밖에 표현할 길이 없다.

한 달 전쯤의 일이다. 우리 집에서 비스듬히 맞은편 방향 집에 혼자 사는 할머니가 89세의 나이로 세상을 떠났다.

얼마 후, 멀리 사는 그 집 아들이 의뢰했다는 유품 정리 업자가 와서 집 안의 짐을 옮기고 있었는데…. 시골집이라는 건 쓸데없을 정도로 넓다. 수도권에 자리한 맨션과는 달리 얼마든지 물건을 보관할 수 있다.

이 집도 첫날 온 대형 트럭 세 대로 물건을 다 실을 수 없었나 보다. 이튿날 또 한 대가 더 와서 추가 작업까지 했다.

만약 한 대에 들어가는 비용이 20만 엔이라 치고, 네 대면 80만 엔. 우리 집 평수는 그 단층집의 몇 배나 된다.

그렇다면….

물건을 버리기 위해 쓰는 돈만큼 허무한 것도 없다.

한숨이 아니라 그냥 저기 있는 밥상을 확 엎어버리고 싶어진다.

"폐기 처분에도 돈이 드니까 필요 없는 건 쌓아두지 마세요."

아무리 말해도 '그게 뭐 어때서?'로 나올 뿐, 어머니는 그 점을 전혀 이해하려 들지 않는다. 그러기는커녕, 내가 창고에 처박힌 휘청이는 의자나 망가져 쓸 수 없는 발 등을 차에 실어 시의 쓰레기 처리장으로 가져가려고 하면,

"버릴 거면 나 죽은 다음에 해라!"

라며 어머니는 귀신 같은 형상으로 막아선다.

"나중에 한꺼번에 다 버리려면 돈이 드니까 조금씩 미리 처분하려고 하는데 왜 그걸 모르는 거예요!"

하도 열이 뻗쳐 내가 언성을 높였다.

"어이구, 아까워라"라고 보란 듯 말하면서, 매일 대량 소비와 대량 폐기를 반복하는 어머니.

격주 월요일마다 나는 어머니가 쌓아둔 플라스틱 용기와 페트병으로 가득 찬 쓰레기 봉지를 집하장으로 가지고 가면서, 매번 분노를 동반한 짜증이 한꺼번에 덮쳐 옴을 느낀다.

고집만 센 노인만큼 골치 아픈 존재도 없다

"있잖아, 내 얘기 좀 들어봐. 우리 시어머니가 올해로 여든아홉이거든. 그런데 여전히 전동 자전거로 장을 보러 나가려고 하시길래 '넘어지시면 위험하니까 제가 차로 모셔다드릴까요?'라고 했더니 '네 신세는 안 진다!'라고 하시지 뭐야. 그 뒤로는, 신경 써봤자 기분만 상하니까 그냥 내버려두기로 했어. 내가 먼저는 아무 말도 안 하려고."

슈퍼 앞에서 만난 동급생이 괴로운 표정으로 나한테 호소했다.

"우리 어머니도 뭐라고 말하년 꼭 심술궂은 말로 받아쳐"

내가 노래방에 얽힌 일화를 설명하자,

"우리 시어머니도 장난 아닌데, 너희도 보통이 아니구나."

늙은 부모를 모시는 사람끼리의 공감으로 이야기가 불타

오른다.

"'걷는 것도 힘드시니까 조심하세요'라고 말하면 '그래, 조심할게'라고 끝날 것을, 꼭 '노인네 취급하지 마라'나 '넌 날 우습게 보는구나'라고 따지기만 하잖아. '제가 대신해 드릴까요?'라고 물어보면 '참견하지 마라!'라고 무슨 철천지원수라도 보는 눈으로 노려보고 말이야. 왜 그렇게 고집을 부리시는지 이해가 안 간다고."

"그것도 치매 증상 중 하나라고 하는데 말이지. 같이 사는 사람은 매일 그렇게 당하는데 어떻게 살겠니."

겨우 몇 분이라도 노인을 돌보는 사람끼리 대화를 나누면 그나마 마음이 편해진다. 아무튼 가슴에 쌓아두면 안 된다. 혼자서 다 짊어져봤자 무엇 하나 좋을 게 없다.

솔직히 털어놓으면 또 새로운 정보를 얻을 때도 있으니, 모여서 푸념 대회를 열어도 좋다. 사양하지 말고 서로 불평이라도 쏟아놓아야 장기적인 돌봄도 해낼 수 있는 법이다.

또 어느 날에는,

"비 오는 날 어머니가 나가려 하길래 '오늘은 안 나가는 게 좋아요. 미끄러져 넘어지면 큰일이니까'라고 말리는데도 어머니가 들은 척도 않고 외출하지 뭐야. 한 번 크게 다쳐봐야 아느냐고 전부터 남편도 얘기했는데, 정말로 어머니가 넘어져서 뼈가 부러졌어. 지금 재활해 주는 요양원을 찾는 중인데 죄다 돈이 들지 뭐야. 대체 그 돈은 누가 낼 거냐고."

이웃에 사는 지인이 골치 아파하고 있었다.

그 외에도 "본가에 갔더니 건강식품 상자가 잔뜩 배달됐길래 '이게 뭐예요?' 하고 물었더니 '텔레비전 홈쇼핑 보고 샀어'라며 의기양양하게 대답하시지 뭐야. 얼른 반품했더니 '왜 마음대로 되돌려보내냐!'라며 막 화를 내시더라. 아, 진짜 제발 그만 좀 하라고!"라며 분노를 표출하는 사람이 있는가 하면,

"우리 시아버지는 매일 차를 몰고 파친코장에 가는데, 사고를 내고 말았잖아. 어서 면허증 반납하라고 하니까 한 대 칠 기세로 화를 내지 뭐야. 빨리 안 돌아가시나 하는 생각만 매일 한다니까" 등등, 노부모를 돌보는 사람이 아니면 나올 수 없는 이야기들은 정말 끝이 없다.

게다가 뼛속까지 공감되는 내용뿐이니 '그래, 맞아, 맞아' 하고 온몸으로 고개를 끄덕이게 된다.

늙어서도 자식의 말을 따르고 싶지 않은 고집만 센 노인들과, 부모가 노화와 쇠약함을 자각하고 이제는 조용히 지내주길 바라는 자식 세대. 이 둘 사이의 간극은 영원히 메워지지 않을 것 같다.

이제 더는 못 해먹겠다!

"세븐일레븐에서 파는 닭튀김 좀 사 와라."
 아침에 눈을 뜨자마자 아버지의 명령이 떨어졌다.
 어제는 가다랑어회를, 그저께는 장어구이를 먹고 싶다고 했다.
 생각나는 대로 변덕을 부리는 건 늘 있던 일이다.
 실제로 사다 드리면 안 드시는 일도 다반사다.
 아버지는 텔레비전 광고나 맛집 방송이라도 본 거겠지만, 그 말을 다 들어준다면 끝이 없다.
 뭐든 본인 마음대로 된다고 생각하면 큰 오산이다.
 내가 무시하고 있자니 "내가 세븐일레븐 닭튀김 사 오라고 그랬는데, 너 잊어먹었지?"라는 말을 몇 번이나 반복한다.
 잊은 게 아니라 무시하는 거라고요!

그렇게 마음속으로 되뇌며 계속 무시만 하고 있자니,

"돈 없으면 내가 내마"라며 아버지는 엉뚱한 소리를 한다.

세븐일레븐 닭튀김 살 돈 정도는 있다고요!

이런 발언이야말로 내 성질을 긁는다는 것을 아버지는 영원히 깨닫지 못할 것이다.

어머니는 어머니대로 병원 접수처에서 몸이 어떠냐고 물어도, 이름을 불러도, 의사의 설명을 들어도 내가 대신 대답해야 할 정도로 귀가 들리지 않게 된 상태다.

아버지와의 시덥지 않은 언쟁도 귀가 안 들리는 것 때문에 터진다.

"어머니 귀는 생각보다 훨씬 안 들리는 상태일 수도 있으니까, 보청기를 고려해 보는 게 좋을지도 몰라요."

내가 보다 못해 제안하자,

"너는 또 나를 바보 취급하지. 다 들리는데 안 들리는 척하는 거야."

어머니는 이 와중에도 귀가 안 들리는 것을 인정하려 하지 않는다.

'그러네. 한 번 이비인후과에 가서 진찰이라도 받아볼까'라는 말로 정리될 것을, 왜 이렇게 고집스럽게 아니라고 우기는 걸까….

 이미 몇 번이나 말했듯, 매일 이런 대화가 반복되어 쌓이면 쉽게 해소할 수 없을 정도의 스트레스가 되어서, 나중에는 돌보는 사람의 정신을 흔들어놓는다.

 코로나 긴급사태 발령과 전염 방지를 위한 특별 조치가 해제되자마자,

 "아아, 이제 더는 못 해먹겠다!"

 나는 가출을 결행하기로 했다.

 나 자신의 기분전환이 필요하기도 했지만, 딸이 곁에 있는 생활이 너무나도 당연해졌는지 요즘 부모님의 제멋대로 행동은 보통 도가 지나친 게 아니다. 그래서 아예 이참에 한동안 두 분을 떠나 있어 봐야 한다는 생각이 들었다.

 집을 나와 나는 신슈의 온천 여관을 물려받아 그곳 사장이 된 회사원 시절의 예전 동료에게 가기로 마음먹었다. 코로나 사태로 예약 취소가 연이은 상황이라서, 일주일 정도 식사제공 없이 그곳에 머무르기로 했다.

 가출하기 전날, 몰래 차를 타고 역으로 가서 짐을 역 사물함에 보관하고 모든 준비를 완료했다. 당일에 나는 '한동안 집 좀 비울게요'라고만 쓴 메모를 식탁 위에 두고, 잠깐 요 앞에 나갔다 오겠다는 식으로 작은 에코백 하나만 들고 집을

나갔다.

 소리를 잔뜩 높여 텔레비전을 켜놓은 거실에서 입을 반쯤 벌리고 잠든 부모님이 내 행동을 알아차릴 낌새는 없었다.

 고속버스가 아쿠아라인을 통과할 즈음, 오빠한테서 '지금 아버지한테 전화 왔는데, 난 아무것도 모른다고 했어'라는 메시지가 도착했다. 오빠 부부에게는 미리 이 가출에 대해 알려두면서 '잠시 푹 쉬고 와라'라는 허락을 받아둔 상태였다.

 U턴 이주를 결심했을 때 '부모님을 모시기 위해 본가로 돌아간 사람 절반은 돌봄에 지쳐서 다시 집을 나가는 일이 많대'라고 친구한테서 들은 말을 떠올리며, 특급 열차 '아즈사'를 타고 신주쿠에서 스와 호수 근처에 있는 여관으로 향했다.

 차창 밖으로 평온한 풍경을 바라보고 있자니, 아직 부모님이 젊었던 시절의 모습이 뇌리를 스쳤다.

 아버지가 운전하는 차를 타고 반딧불이를 잡으러 간 적도 있고, 가족끼리 수족관이나 동물원 나들이를 한 적도 있다. 잠자리채와 벌레 통을 들고 물가로 향했던 아버지의 뒷모습은 크고 든든했으며, 어떤 때든 크게 입을 벌리고 웃던 어머니도 듬직했다.

 그러나… 지금 부모님에게는 이런 추억마저도 내쫓아버릴 정도로 엄청난 파괴력이 있다. 아마 돌봄 생활이 길어질

수록 젊은 시절의 부모님 모습은 귀찮은 노인의 모습으로 바뀌어 즐거웠던 기억도 흐려지게 될 것이다.

그런 생각을 하면서 특급 열차의 흔들림에 몸을 싣고 있다 보니 순식간에 목적지에 도착했다. 역까지 차로 마중 나와준 예전 직장 동료 T가 자기가 운영하는 여관으로 데리고 가주었다.
"지금 시간이면 온천도 혼자 느긋하게 즐길 수 있어."
그 말에 나는 우선 목욕부터 했다. 온천물에 몸을 담그고 가만히 있으면서 가슴 속 깊이 쌓였던 분노를 씻어냈다.
"역시 온천이 최고야. 몸이 확 살아나는 느낌이라니까."
일을 마친 옛 직장 동료와 근처 이자카야 주점으로 나가서, 한 손에는 맥주잔을 든 채 회사 시절 때 이야기로 실컷 수다를 떨었다. 그리고 잠시 후, 각자 U턴 이주로 고향으로 돌아와 늙으신 부모님과 동거를 시작한 우리의 화제는 바로 부모님 돌봄 이야기로 옮겨갔다.
"요즘은 여관 예약을 다 인터넷으로 하는데 우리 여관 큰 사장님인 어머니는 컴퓨터를 쓰는 것도, 웹사이트 보는 것도 할 줄 모르셔서 옛날식으로 숙박부에 일일이 써서 옮기라고 하는 거야."

"그럼 그거 수고가 두 배로 들잖아."

"그래, 맞아. 수고 드는 것도 그렇지만, 아무리 조심해도 옮겨 쓸 때 누락되거나 깜박하고 못 지운 게 발생할 때가 있잖아? 다 사람이 하는 일이니까. 중복 예약을 피하기 위해서라도 장부는 일원화하고 싶은데, 자꾸만 '숙박계에 직접 써서 옮겨라'라고 우겨서 매일 그걸로 싸워."

그녀가 난처한 듯 미간을 찌푸렸다.

"우리 집이야 가정 안에서 벌어지는 별것 아닌 일들이지만, 그래도 일이랑 직결되면 그리 쉽게 양보할 수는 없지."

"그렇지? 전화로 예약하는 사람은 얼마 되지도 않고, 손님 요청도 다양하잖아. 예전 방식만 고집하면 이제 숙박업을 하기도 어려운데, 그걸 아무리 말해도 이해를 못 한단 말이지. 하긴 어머니도 나름 여관 사장님을 오래 해왔으니 자부심이 있겠지만."

초고령화 사회에 돌입한 일본. 가정마다 그 사정이야 다르겠지만, 각 가정이 어떠한 형태든 문제를 갖고 있다는 뜻이리리.

일주일 동안 머물면서 매일 아침 16킬로미터 정도 되는 스와 호수 한 바퀴를 조깅하고, 그 후에 느긋하게 온천물에 몸을 담갔다가 방에서 독서에 몰두했다. 부모님한테 시달리지 않는 시간을 충분히 만끽하면서 기분전환을 했다. 역시 때로는 부모님과 물리적으로 거리를 두는 것도 필요하다고 뼈저리게 실감했다.

일주일 만에 집으로 돌아가서 태연한 얼굴로 "다녀왔습니다"라는 말만 한 채 2층 내 방으로 올라갔다. 그날도, 그다음 날도 부모님은 나를 조심스럽게 대했지만, 두 분 모두 '어디 갔었냐'라는 질문은 하지 않았다.

"아까 아버지한테서 전화가 와서 '네가 어디 갔다 왔는지 아느냐?'고 하시길래, '걔 돌아왔으면 직접 물어보면 되지'라고만 답하고 끊어버렸어."

이튿날 아침 8시 넘어서 오빠한테 이런 메시지가 온 것을 보니 나름 상당한 효과가 있었나 보다.

다만 눈치를 보는 듯한 태도는 겨우 며칠뿐. 금세 아버지는 "가다랑어회가 먹고 싶으니까 당장 사와"라고 고집을 피우고, 어머니는 "너한테 맡겼다가는 해가 다 지겠다"라며 들으라는 듯 얄미운 말만 쏟아내기 시작했다.

하지만 이것도 다 예상했던 일이다.

언제까지 계속될지 알 수 없는 부모님 돌봄 생활.

앞으로 점점 할 수 없는 일들이 늘어날 두 분에게 휘둘리지 않고, 나만의 페이스를 유지하면서 타협해 나가는 수밖에 없다. 때때로 그들 앞에서 모습을 싹 감추는 기술도 구사하면서.

밝히는 할아버지보다는 낫지

"아니, 내 말 좀 들어봐. 우리 아버지는 '딸이 내 재산을 노린다'라면서 온 동네에 소문을 내고 다니는 거 있지. 얼마 전에도 통장과 도장이 든 가방을 근처 찻집에 깜박 두고 오셨어. 거기 사장님이 오랫동안 알고 지낸 분이어서 다행이지. 내가 '그런 걸 왜 가지고 다녀요? 잃어버리면 큰일이잖아요'라고 했더니 아버지가 '집에 두면 네가 훔쳐 갈 거다'라지 뭐야. 하도 분해서 눈물도 안 나더라."

친구가 잔뜩 화가 나서 나한테 전화를 걸었다.

"그래, 노인들한테 그런 일 많잖아. 내 친구 어머니도 '서랍에 넣어둔 돈을 도둑맞았다'라면서 거의 매일 난동을 피운대. 바로 얼마 전에도 근처에 사는 할머니가 '며느리가 돈을 훔쳐 갔다'라면서 파출소로 뛰어갔다지 뭐야. 그 집 며느리가 '왜 어머님을 돌보는 내가 그런 소리까지 들어야 해요!' 라며 막 한탄하더라."

"나이를 먹으면 돈에 집착하는 사람 꽤 많은 것 같아. 도둑 취급당하는 우리 입장도 생각해 달란 말이야."

"그러게…."

스마트폰 너머로 우리 둘은 동시에 한숨을 폭 내쉬었다.

"완고하고 제멋대로고, 마음에 안 들면 바로 화부터 내고. 대체 이분은 언제까지 사실까. 요즘 그 생각밖에 안 해."

그렇게 중얼거린 친구의 심정이 가슴 아플 정도로 공감이 된다.

"나이 많은 노인과 함께 사는 사람은 다들 어느 정도는 그런 생각 해. 우리 아버지도 툭하면 막 화를 내는 걸 뭐. 어휴, 아무도 안 붙잡을 테니까 노인네 빨리 저세상으로 안 가시려나, 하는 생각 자주 한다니까."

"100세 시대라느니 잠자듯 찾아오는 죽음이라느니 꿈 같은 소리를 하는 사람도 있지만, 현실은 더 무섭잖아."

"맞아, 배변 수발도 하는 사람이나 받는 사람이나 마음 같지 않고 말이야."

또다시 우리 둘이 동시에 한숨을 내쉬었다.

"그러고 보니 돈에 관한 망상 때문에도 힘들지만, 밝히는 할아버지들은 더 골치 아프대."

"밝히는 할아버지…?"

친구가 의아하다는 듯 되물었다.

"그래, 도우미의 가슴이나 엉덩이를 슬쩍 만지거나 막 끌어안고 한다지 뭐야."

"어머나! 미쳤어, 미쳤어."

"그래서 결국 '댁에는 저희 도우미를 보내기 어려울 것 같습니다'라고 책임자가 거절 의사를 보인다잖아. 병원에 입원해서도 숨도 제대로 못 쉬는 할아버지가 간호사의 가슴을 만지는 일도 제법 많대."

"여든, 아흔이 되어도 성욕이 안 죽다니. 진짜 사람이란 건 무섭구나."

"만약 그게 내 아버지라면 너무너무 부끄럽잖아. 그러니까 차라리 돈 때문에 망상하는 편이 나을지도 몰라."

"하긴, 그건 그렇네."

친구가 이제 좀 속이 풀렸다는 듯 소리를 내어 웃었다.

"아, 맞다. 케어 매니저한테서 들었는데, 입원한 병원이나 요양원에서 간호사나 요양 보호사한테 폭언에 폭력까지 일삼는 게 할아버지들뿐인 줄 알았거든. 근데 할머니들도 제법 많대."

"할머니도?"

"그런가 봐. 내가 아는 어느 시어머니도 드디어 입소할 요양원을 찾았는데, 하도 욕설이 심해서 툭하면 가족들이 불려 간다지 뭐야."

"불려 가는 것도 난처하지만, 요양원 입장에서는 그냥 둘 수가 없을 테니까."

친구와 이야기를 나누면서 고집이 보통 센 것이 아닌 우리 어머니도 그렇게 될 가능성이 클 거라는 생각에 온몸의 털이 쭈뼛 섰다.

"욕설만으로도 힘든데, 그 할머니가 같은 방에서 지내는 사람에게 달려들고 공용 공간에서 이야기 중인 사람에게 따귀까지 날린 바람에, 계속 이러면 요양원에서 나가야 한다더라. 근데 집에 모시고 돌아와도 못 돌보는데 어쩌냐면서 전전긍긍하는 중이래."

"그러고 보니 병원에서도 의사나 간호사한테 욕설을 퍼붓는 노인들이 제법 많다고 들었어."

"그래, 맞아."

"그런데 어떤 사람이 그렇게 되는 걸까?"

친구가 정말 궁금하다는 듯 묻는다.

"이것만큼은 정말 그렇게 되어보지 않으면 모를 것 같아.

원래 고집이 센 사람도 있는가 하면, 평소 말귀를 잘 알아듣고 남에게 피해 같은 건 안 주던 사람도 있다고 하니까."

"그렇구나…. 그럼 누구나 그렇게 될 가능성이 있다는 거네."

"그렇지. 그러니까 더 무서운 거야."

"그러네."

밝히는 할아버지나 폭력 할머니에 비하면, 집에서 고함만 치는 아버지나 얄미운 소리만 하면서 주도권을 잡으려 하는 어머니는 지금까지 상황에서 아직 새 발의 피처럼 느껴진다.

병원이나 요양시설에서 포기해 버린다면 그때 가족은 그야말로 사면초가 상태에 빠지고 만다.

20대에 만나 꿈과 연애, 직업에 대해 서로 대화를 나눴던 친구와 이런 대화를 하는 날이 올 줄이야….

"우리 서로 밝히는 할머니가 되지 않도록 조심하자."

"우리는 괜찮을 거야."

"그건 모르지. 본인도 모르는 사이에 욕정이 폭발할지도 몰라."

"으악, 싫어! 그것만큼은 절대로 안 돼."

마지막으로는 웃으며 전화를 끊었다.

지옥에서도 돈만 있다면

"우리 엄마, 지난달에 돌아가셨어."

마트에서 물건을 사고 있는데, 이전에 늙으신 부모님 문제로 정보 교환을 하던 동급생이 내게 말했다.

"아…, 상심이 크겠다."

내가 머리를 숙이자,

"아니, 괜찮아. 그보다 넌 아직이지?"

안됐다는 표정으로 오히려 친구가 되묻는다.

"어머니, 입원하셨었지?"

"응, 괜한 짓 좀 하지 말라고 그랬는데, 마당에서 잡초를 뽑다가 넘어졌거든. 압박 골절된 꼬리뼈는 나았지만, 입원한 사이에 치매가 한꺼번에 진행돼 버렸어."

"그랬구나."

"나도 풀 타임으로 일하니까 집에서 간병하는 건 무리잖아. 퇴원 후에 들어갈 수 있는 요양 시설을 찾고 있던 참이었으니까 솔직히 안심했어. 우리끼리 얘긴데, 시설 입주비가 한 달에 20만 엔이야. 우리 엄마는 국민연금만 받으니까, 매달 15만 엔 정도는 저축을 깎아 써야 하거든. 엄마가 입원해 있는 동안에도 통장 들여다보면서 한숨만 쉬었지."

아, 그런 사정이었구나.

"한 달에 15만 엔은 부담스럽겠네."

나도 모르게 고개를 끄덕였다.

"그치? 1년에 약 180만 엔, 5년이면 900만 엔, 10년이면 1,800만 엔이야. 엄마 저축이 다 떨어지면 어쩌나 싶더라. 나도 내 노후자금 모으느라 빠듯한데, 아무리 친엄마라고 해도 내 돈까지 내는 건 솔직히 힘들다고 생각했어. 실제로 간병 때문에 파산하는 사람도 있다고 들었고."

웬만한 자산가가 아닌 이상, 서민들의 형편은 다 비슷한 것 같다.

"간병 파산…. 정말 돈 문제가 제일 크긴 하구나."

그렇게 말하며 나는 우리 부모님 얼굴을 머릿속으로 떠올렸다.

만약의 사태를 대비해서 인근에 있는 노인 요양시설 입소 조건이나 제반 비용 등을 알아보니, 노인 특별 요양원이라는 곳은 수입에 따라 입소 비용을 내도 되지만, 당연히 자리가 없다. 입소는 거의 복권 당첨보다 어렵다고 한다.

노인 특별 요양원 이외는 다소 차이는 있어도 대략 시세는 친구가 말한 것처럼 약 20만 엔 정도다. 입소자 본인의 연금이나 저축액으로 비용을 댈 수 있으면 그나마 다행이고, 그렇지 않으면 자식 세대도 그 부담을 피할 수가 없다.

'우리 아버지는 젊은 시절부터 그날 번 돈은 그날 다 써버리는 성격이었거든. 아버지가 사셨던 집을 팔지 않으면 요양원 비용을 마련하기 어려운데, 그 근방 땅값은 자꾸 내려가기만 하잖아. 게다가 토지 건물 명의자인 아버지가 치매라서 사인도 못 하니까 친아들이라도 그리 쉽게 땅을 못 판대. 아버지가 몇 년 더 사실지는 모르겠지만 이제 좀 세상을 떠나셔야지, 안 그러면 내가 먼저 죽을 판이야. 어제도 아버지 요양원 비용 생각하느라 한숨도 못 잤어.'

이런 절실한 예는 셀 수 없이 많다.

어떻게 부모님의 죽음을 바랄 수가 있느냐는 비난을 들을 수도 있겠지만, 자식이나 손주 세대까지 영향을 끼치는 것이 바로 돌봄 비용이다. 요양원에 사는 기간이 길어질수록 자식 세대의 생활 기반까지도 위태로워지니까 안일하게 생각할 수도 없는 노릇이다.

 아무리 좋게 말해도 청결하다고 할 수 없는 모습으로 매일, 그것도 오랜 시간 동안 주변을 배회하는 할아버지를 동네에서 자주 목격한다.
 귀도 거의 들리지 않는 모양이다. 길 한가운데를 비척비척 걷는데, 자동차 경적이 들려도 돌아보려 하지 않는다.
 "저 할아버지 집에서는 요양원에 보내고 싶은데, 그럴 돈이 없대."
 "가족도 저렇게 할아버지가 돌아다니는 걸 알면서도 모르는 척한다지?"
 "가끔 '배고프니 밥 좀 주세요' 하고 아무나 붙들고 구걸도 하나 봐. 보다 못해 지나가는 사람이 시청인지 파출소인지에 전화까지 했다는 소문을 들었어."
 이런 이야기를 들으면, 결국 모든 건 돈으로 귀결되는 것인가 하는 답답한 마음이 든다.
 '오늘 오전 10시경부터 80대 남성이 행방불명되었습니다. 키 160센티미터, 마른 체형. 회색 상의에 갈색 바지를 입고 있습니다. 목격하신 분은 근처 파출소로 연락 부탁드립니다.' 이런 행정 방송도 일상다반사다.

대체 전국에서 몇 명의 노인이 배회하다가 행방불명이 되고 있는 것일까?

그래도 내가 U턴 이주한 지역은 그나마 노인 요양시설이 많아서, 아직은 애를 쓰면 시설을 찾아낼 수는 있다. 그러나 노인 인구에 비해 요양시설이 턱없이 부족한 지자체에서는 설령 돈이 있다고 해도 그리 쉽게 들어갈 곳을 찾기가 어렵다고 한다.

그뿐만 아니라 돌봄 현장은 늘 만성적인 일손 부족을 겪는다. 아무리 구인 광고를 내놓아도 낮은 급여 수준 때문에 사람이 모이지 않는단다.

노인의 요양시설 입소 문제와 돌봄을 책임지는 인력 부족의 문제는 장수 국가 일본에 매우 긴박한 문제지만, 그 해결책의 실마리를 찾아내는 건 쉽지 않을 것이다.

후생노동성(2021년 7월 9일 공표)에 의하면, 단카이 세대*가 모두 75세 이상의 후기 고령자가 되는 2025년에는 약 32만 명, 2040년에는 약 69만 명의 요양 인력이 부족할 것으로 보

---

* 1947년에서 1949년 사이에 태어난 일본의 베이비 붐 세대를 일컫는 단어다.

인다. 집에서 돌보기가 어려워졌을 때, 입소할 수 있는 시설이나 도움을 줄 수 있는 도우미를 구하지 못한다면, 과연 누가 고령자를 돌보게 될지 심각한 문제가 제기되고 있다.

  결코 남의 일이 아니라서 더 큰 문제다.

  부모 세대만이 아니다. 내가 고령의 노인이 되어 자립적 생활을 할 수 없을 때, 치매로 인해 누워서 지낼 때, 요양시설 입소 기간이 장기화하여 저축한 돈이 다 떨어졌을 때 어떻게 하면 좋을지….

  나의 노후를 생각하면 두려워서 잠도 오지 않는다.

세상 물정 모르는
노인들을 둘러싼
사건 기록

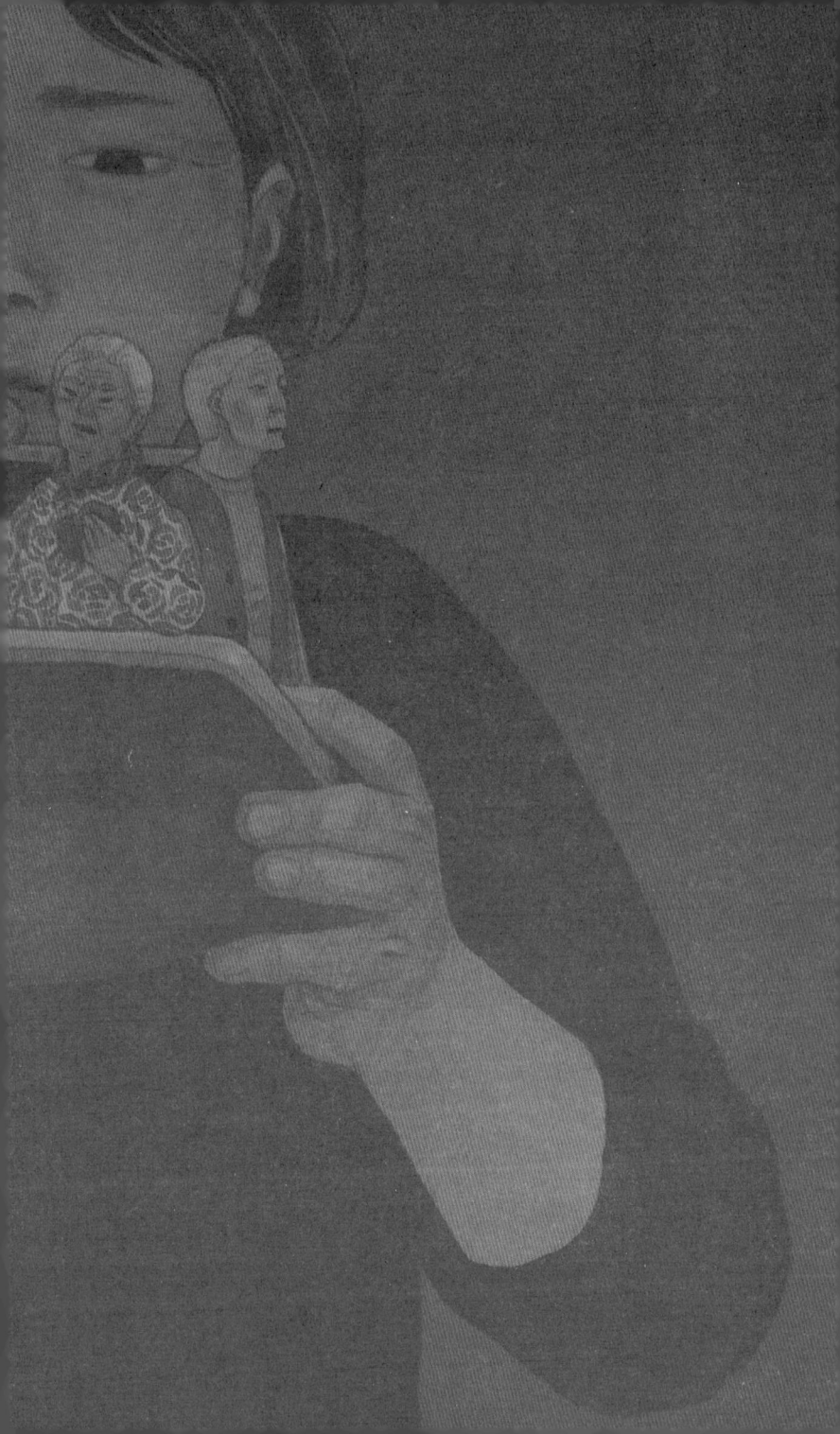

반년에 걸친 무면허 운전 사실이 발각!

 평소처럼 조깅을 마치고 샤워 후 일을 시작하려던 오전 10시가 넘은 시각, 저장되지 않은 번호로 전화가 왔다.
 누구지…?
 고개를 갸웃거리면서 "여보세요"라고 전화를 받자,
 "갑자기 연락드려 죄송합니다. ○○ 사다키치 씨의 조카분 되십니까?"
 낯선 목소리가 들려왔다.
 "네, 그런데요."
 "저는 ○○ 보험 대리점의 S라는 사람인데요."
 보험 대리점이라니…. 안 좋은 예감에 심장이 쿵 떨어졌다.
 자식이 없는 89세의 이모 부부. "이제 운전면허증도 반납할 때가 됐네" 하고 오빠 부부와 얘기를 나눴던 참이었다.

"지금 C 은행 주차장에 있는데, 저희와 보험 계약하신 고객님이 주차 중인 사다키치 씨의 차에 부딪쳤다고 해요. 저희가 바로 가면서 경찰에도 오라고 연락을 넣었는데…."

상황을 듣자 하니 이모부가 접촉 사고를 낸 건 아닌 것 같지만…, 어쩐지 그 사람의 말투에서 뭔가 사건이 터졌다는 기색이 느껴졌다.

"그래서 이모부는요…?"

"네, 근데 이미 만료된 운전면허증을 가지고 운전하셨던 모양이에요."

뭐…? 뭐라고?! 나도 모르게 눈앞이 아득해졌다.

"설마 면허증 갱신도 안 하시고 계속 차를 몰았다는 거예요?"

"네, 다만 아무리 질문을 해도 '글쎄…'라고만 대답하시고, 이모님께서도 '나는 아무것도 모른다'라고만 하셔서 저희도, 경찰도 난처한 상황입니다…."

끄아악! 나는 속으로 비명을 질렀다.

"지금 바로 C 은행 주차장으로 갈게요."

일을 중단하고 얼른 현장으로 달려갔다.

접촉 사고는 스치기만 한 정도여서 일을 크게 만들 필요는 없으니(그보다 이모부가 무면허 운전이어서 지금 그런 걸 따질 정신도 없었지만), 쌍방 합의로 상황을 정리했다. 일단 이모부 차를 운전해 두 분을 집에 데려다준 뒤, C 은행 주차장에서 내 차를 찾아 다시 두 분을 데리고 경찰서로 향했다.

"면허증 갱신 알림 엽서가 왔을 텐데 처리 안 했어요?"

"음…, 글쎄?"

"무면허로 운전하다가 사람을 다치게라도 하면 보험 처리도 안 된다고요."

"그렇구나…."

무엇을 물어도 제대로 된 대답은 돌아오지 않는다.

이모부는 경찰 조사 중에도 마치 남의 일처럼 멍하게 있다가 "화장실 좀 다녀오마"라며 갑자기 자리에서 일어났다.

모든 조사를 마치고 집으로 돌아가서 나는 이모부 차의 키를 받아 바로 폐차 처리를 했다.

이제 사건은 마무리되었거니 했지만, 일은 그리 쉽게 끝나지 않았다.

"자동차 보험 해약해야 하는데, 보험증권은 어디 있어요?"

"보험…. 그런 거 안 들었는데."

"그럴 리가요. 아는 보험 설계사라든가 자동차를 산 대리점을 통해서라도….”

이모한테도 물어봤지만 '난 하나도 모르겠다'라는 대답만 나올 뿐이다.

"1년에 한 번은 보험이나 세금 같은 통지가 올 텐데, 그런 중요한 서류는 어디에 두세요?"

"…그걸 어디에 뒀더라."

별 중요치도 않은 광고 우편물 종류는 거실에 있는 상자 속에 아무렇게나 담아두지만, 정작 필요한 것은 찾아볼 수가 없었다.

"그럼 예금통장이라도 좀 보여주세요. 계좌 이체가 되는 거라면 돈 받은 보험회사가 어딘지 알 수 있을 테니까."

보나 마나 거절할 거라는 생각으로 물어보긴 했는데, 다행히 이모부가 늘 가지고 다니는 작은 가죽 가방을 내민다. 안을 살펴보니 도장, 주민등록증, 은행과 우체국 통장 몇 개(즉, 이모부의 전 재산)가 들어 있었다.

이모부가 경찰서에서 "화장실에 다녀올게"라며 일어섰을 때, 이 가방을 긴 의자에 그대로 두고 자리를 뜨려 해서 "이모부, 아무리 경찰서 안이라고 해도 가방을 두고 가면 안 돼요"라고 막 주의를 준 참이었다.

"설마 도장이랑 통장을 늘 가지고 다니시는 건가…?"

나도 모르게 머리를 감싸 쥐었다.

연금을 수령하는 계좌인 C 은행 통장을 확인해 보니, 매년 4월에 일정 금액이 '손해보험 재팬'으로 인출되는 것으로 나와 있다. 금액을 보건대 이게 바로 자동차 보험임이 틀림없었다.

다만 보험증권이 어디 있는지 알 수 없어서 대리점도, 담당 설계사도 누구인지 알 수가 없다. 이모부나 이모에게 묻지 말고 그냥 내가 알아서 찾아야겠다고 결심한 나는, 보험 대리점을 하는 동창에게 전화를 걸어 알아봐달라고 해서 문제를 해결했다.

그러나 여기서 또 다른 사건이 터졌다.

"이 통장도 아직 쓰고 있어요?"

또 하나의 C 은행 종합 계좌 통장을 펼쳐보니 잔금이 3천 엔밖에 없다. 잘 살펴보니 전기, 가스, 수도, NHK, NTT 등 공공요금과 고정 자산세 등이 인출되는 전용 계좌인 듯한데, 반년에 한 번 정도의 빈도로 연금 수취 계좌에서 일정 금액이 이 계좌로 입금되고 있었다.

다만… 최근 1년 정도는 입금된 흔적이 없었다.

그렇다면 운전면허증 갱신 처리나 이런 일상생활에 필수적인 지출 관리가 요 1년 사이에 전혀 이루어지지 않았을 가능성이 크다.

"이 계좌에 남은 금액이 3천 엔밖에 없어요. 이대로 있다가는 이번 달 자동 이체가 안 돼서 전기도, 수도도 끊겨요."

이모부와 이모에게 통장 잔액을 보여주며 설명했지만, 이모부는 "아, 그렇구나" 하고 남의 일처럼 대꾸했고, 이모는 "난 그런 거 잘 몰라서"라며 사태의 중요성을 전혀 이해하지 못했다.

"현금 카드 주시면 근처 ATM에서 얼른 입금해 놓을게요."

나는 빨리 처리해 두는 편이 좋을 거라는 생각이었지만,

"현금 카드…? 나 그런 거 없다."

깜짝 놀랄 만한 대답이 돌아왔다.

"은행 창구 안 가도 돈을 입출금할 수 있는 카드인데 설마 그게 없겠어요?"

혹시나 해서 확인했다.

"네 이모부도, 나도 우린 그런 거 쓸 줄 모르니까 안 갖고 있어."

"그럼 매번 은행과 우체국 창구로 가서 돈을 찾아오신 거예요?"

"그래."

"근처 ATM에서 바로 돈 찾을 수 있는데."

요즘 세상에 현금 카드를 안 가지고 있는 사람이 있을 줄이야….

놀라움을 넘어 어이가 없어진다. 동시에, 연금 지급일에 노인들로 북적이는 은행이나 우체국 창구가 떠올라, '아, 그래서 그랬구나' 하고 한숨이 새어 나온다.

아니, 이렇게 한가롭게 있을 때가 아니다. 차를 폐차했다는 건, 앞으로 이 두 사람이 돈을 인출할 때마다 내가 은행 창구에 데려가야 한다는 뜻이다. 부모님만으로도 정신이 없는데, 이제 이 두 사람까지 챙겨야 하는 건가.

한숨이 아니라, 머리 꼭대기에서 불이 뿜어져 나올 것 같다.

두 분은 본인이 은행 창구에 갈 수 없게 됐을 때, 장기 입원이나 요양원 입소 등으로 목돈이 필요할 때, 본인 이외의 다른 사람은 은행 창구에 가도 돈을 인출할 수 없다는 사실을 알고 있는 것일까? 그런 상황이 됐을 때 어쩌려는 것일까….

아마 아무 생각이 없을 테지만, 상황을 알게 된 이상 이대로 그냥 둘 수는 없다.

"월요일 아침 일찍 은행에 가서 이쪽 자동이체 선용 계좌로 입금해요. 두 분 모두 현금 카드 만들 테니까요. 아셨죠?"

현금 카드를 맡아두면 필요할 때 두 분 대신 돈을 인출할 수 있다. 이 세상에 이모와 이모부 입원비와 요양원 비용까지 대신 내줄 사람이 얼마나 있을까. 적어도 나는 그런 여유도 없고, 그러고 싶지도 않다.

그런데 잔액이 3천 엔이 되도록 모르고 있을 줄이야….

뭔가 마음에 걸렸다. 다시 한번 이모부의 통장을 보니 매월 휴대전화 요금이 빠져나가고 있었다.

"휴대전화 요금이 매월 나가고 있는데 이모부, 휴대전화 가지고 있으세요? 전화 쓰시는 거 본 적이 없는데."

"휴대전화? 가지고 있는 것 같긴 한데, 그걸 어디에 뒀는지 모르겠네."

가지고 있는 것 같다니?

"몇 년 전에 아는 사람이 권해서 만들었어. 근데 저이는 사용법을 모른다면서 한 번도 쓴 적이 없을걸?"

마치 이모도 남 일처럼 말한다.

"그럼 쓰지도 않는데 요금을 계속 낸다는 뜻이에요?"

도움이 되지 않는 이모 부부를 대신해 쓸모없는 물건들로 가득한 거실과, 장인인 이모부가 예전에 사용하던 작업장을 약 30분 동안 뒤졌다. 그리고 상자에 그대로 들어 있는 휴대전화를 공구함에서 발견했다.

보험 대리점의 S 씨 전화를 받고 집을 뛰쳐나간 게 오전 10시가 조금 넘은 시각이었다. C 은행 주차장과 이모 집을 두 번 오갔고(두 번째 가는 길은 내 차를 가지러 가는 것이어서 걸었음), 그 후에는 경찰서로 향했다. 모든 절차를 밟고 집에 돌아가 "배고프다"는 이모와 이모부가 점심을 먹는 사이에 폐차와 자동차 보험 해지 절차를 마쳤고, 이제 다 끝났나 싶었더니 현금 카드와 휴대전화 문제까지 터졌다.

먼지가 쌓인 탁상시계의 바늘이 곧 오후 2시를 가리키려는 시각. 센베이를 먹으며 느긋하게 차를 홀짝이는 이모 부부를 곁눈질로 바라보며, "난 아직 점심도 못 먹었는데" 하고 한숨을 쉬었다.

월요일 아침 일찍 두 분을 은행에 데려가서 여러 가지 절차를 마치고 바로 휴대전화 가게에 가더라도 아마 반나절은 날아갈 것이다.

통장이랑, 도장, 주민등록증, 휴대전화…. 필요한 준비물을 확인한 후 나는 지친 다리를 질질 끌며 이모 집을 나왔다.

24통의 서류를 쓰는 꼴이 되다

운전면허증 갱신도 하지 않았다. 자동차 보험에 가입돼 있는지도 잊었다. 그렇다는 건 입원 보험이나 예금도 전혀 파악하지 못할 가능성이 있다.

"화재보험이나 입원 보험같이 중요한 건 필요할 때를 대비해서 쉽게 알 수 있는 곳에 모아서 정리해 둬야 해요. 어디 정리해 뒀는지 아세요?"

휴대전화 가게를 나와 이모 집으로 돌아갔을 때 내가 확인차 물어보니,

"보험…. 그런 거 든 적 없어"라는 어느 정도 예상된 이모부의 대답이 돌아왔다.

"안 들었을 리는 없을 것 같은데요."

나는 자동차 보험 때와 같은 반응을 보였다.

"화재보험이 뭔지 아세요? 불이 났을 때나 지진, 태풍 피해를 입었을 때를 대비해서 드는 보험인데."

"그래, 안다."

"정말 안 드셨어요?"

"안 들었다니까." (며칠 후, 1년에 한 번 오는 안내로 농협 화재보험에 가입되어 있음이 판명됨.)

"그래요? 그럼 이 집에 불이라도 나면 어떡해요? 이모부도, 이모도 살 곳이 없어지게 되잖아요"라고 하면서도, 이런 말 해봤자 소용없다며 마음을 고쳐먹었다.

"그럼 입원 보험은요? 아프거나 다쳤을 때 입원할 수도 있잖아요."

어떻게든 이모부의 기억을 끄집어내려고 애를 썼지만,

"아마 안 들었을 거야"라며 이모부의 시선은 허공만 헤맸다.

"정말 가입 안 했어요?"

이모한테 시선을 보내자,

"네 이모부는 보험 안 들었을 거야."

라는 보통 느긋한 게 아닌 대답이 나왔다.

"그럼 병원에 안 가면 되지 뭐."

"안 가면 좋지만 그럴 수는 없잖아요. 넘어져서 다치거나 배탈이 나거나 해서 구급차 부를 일도, 입원해야 할 경우도 얼마든지 있는데."

나는 냉정히 그렇게 말하면서도 점점 목소리가 날카로워졌다.

"이모는요? 이모도 가입 안 하셨어요?

"나는 우체국 보험을 들은 것 같은데…."

'같은데'라니!

"그럼 보험증권은요? 어디 두셨어요? 어떤 특약이 붙어 있는 건지 확인해 보고 싶은데."

"보험증권…. 나는 그런 거 잘 모르니까 다음에 우체국에 가면 창구 아가씨한테 물어볼게."

그걸 남한테 물어서 어쩌자는 거야.

절로 다리에 힘이 풀렸다.

아아, 정말이지 이 부부는 안 되겠다. 아무리 나이가 많아도 그렇지, 관리 능력이 없어도 너무 없다.

제대로 친척 집 일에까지 끼어들려는 건 아니지만, 그래도 방치하고 있을 때가 아니다.

거실에 둔 상자 속을 정리하면서,

"시청이나 은행, 보험회사 같은 곳에서 중요한 우편물이 오면 전부 여기에 넣어두세요. 제가 와서 확인할 테니까. 그리고 어디 은행에 얼마 예금했는지 아세요? 예를 들어서, 불이 나서 이 집이 탔거나 지진이 나서 무너지기라도 하면, 어디서 어떤 절차를 밟아야 하는지 미리 알아두어야 처리가 되니까요."

위기감을 좀 심어주려고 했지만, 그것도 아무 소용이 없는 듯하다.

이모부는 고개를 갸웃거리며 멍하게 있을 뿐이고, 이모는 이모대로 "신용금고 적금이 두 개인가… 있는데. 어느 지점인지 몰라서 다음에 신용금고 직원 총각이 수금하러 오면 물어봐야겠네"라는 깜짝 놀랄 만한 소리를 태연하게 했다.

"수금하러 온다는 거면, 이모부와 이모 말고 아무도 없는 곳에서 돈거래를 한다는 뜻이네요?"

"그래, 맞아. 한 달에 한 번 신용금고 총각이 흰 헬멧을 쓰고 오토바이를 타고서 수금하러 와."

오토바이를 탔는지, 흰 헬멧을 썼는지 그런 걸 묻는 게 아니다. 요즘 시대에 적금을 여전히 수금하러 온다는 자체(지방은 아직도 이런 관습이 남아 있는 듯)가 나한테는 놀라울 따름이다.

게다가 어느 지점인지 알 수도 없는 남자 직원한테 돈을 건네고 있다니….

그 신용금고의 수금 직원을 의심하는 건 아니지만, '고객의 예금을 오랫동안 착복한 혐의로 검거'라는 뉴스 보도를 들을 때마다 어떻게 그런 일이 가능했던 걸까 신기했는데, 우리 이모 같은 사람이 상대라면 그것도 식은 죽 먹기일 터이다.

"증서를 보면 어느 지점인지 알 수 있잖아요. 그것 좀 보여줄래요? 그리고 그 수금하러 온다는 직원 명함은 없어요?"

침실에 있는 서랍에서 증서를 꺼내 가지고 온 이모는 "다른 것도 있었던 것 같은데 이것밖에 안 보이네"라며 고개를 갸웃거렸다.

"아무튼 통장과 도장을 같이 가지고 다니거나 같은 장소에 보관하면 안 돼요. 어디에 떨구거나 도둑맞기라도 하면 큰일이니까. 그리고 돈거래는 은행 창구 이외에서는 하지 마세요. 뉴스에서도 은행원이나 우체국 직원인 척하면서 어르신들한테 돈을 빼앗으려는 나쁜 사람이 있다고 자주 그러잖아요."

그렇게 주의를 드리자 "그래" 하고 두 분 모두 순순히 고개를 끄덕이긴 했지만, 과연 제대로 이해한 게 맞을지.

며칠 후, 이모 부부를 차에 태우고 시내에 있는 신용금고 지점을 돌았다.

소액 정기는 모두 해약하고, 그걸 본점의 종합 계좌로 한꺼번에 모아 처리하기 위해서였지만…. 그게 또 보통 어려운 일이 아니었다.

 어느 지점에서는 증서를 가지고 간 두 계좌의 정기 예금 이외에도 무려 여덟 개의 소액 정기가 있다는 사실이 판명됐다.

 "계좌가 여덟 개요?"

 나도 모르게 되묻는 목소리가 드높아졌다.

 "이모, 이거 말고도 여덟 개가 더 있대요."

 "어, 그래?"

 대체 어떤 생각으로 살면 자신의 정기 예금 금액을 파악하지도 않고 이리도 느긋하게 살 수 있는 것일까.

 그 여덟 개의 소액 정기를 모두 해약하려면 주민등록증으로 본인 확인을 한 후, 여덟 통의 분실 신고서, 재발행 신고서, 해약서까지 총 24통의 서류를 작성해야 한다.

 "성함만 본인이 쓰시고, 주소와 전화번호는 조카분께서 작성하셔도 돼요"라는 말까지 들었지만, 그걸 다 써야 하는 내 입장도 생각해 보면 좋겠다. 하지만 그렇다고 안 쓸 수는 없다.

 쓸게요. 쓸 건데….

 마음속으로 투덜거리며 24통에 들어가야 할 주소와 전화

번호를 죽어라 쓰고, 그걸 이모에게 넘겨 이름을 쓰게 했다.

 9시 은행 개점과 동시에 첫 번째 지점으로 갔고, 중간에 편의점에서 화장실을 빌린 후에 두 번째 지점에 가서 모든 처리를 마쳤을 때는 이미 정오를 조금 넘은 시각이었다.
 "아아, 배고프구먼."
 "말린 전갱이 있으니까 점심은 그거 먹으면 되겠네."
 여전히 태평하기만 한 두 사람을 집에 데려다주자, 이모가 갑자기 말했다.
 "예전에 말이야, 가진 게 없다고 10만 엔짜리 동전을 두고 간 사람이 있었어. 그걸 2층 장롱에 넣어뒀었는데, 그거 아직 쓸 수 있을까?"
 장인으로 일했던 이모부의 공임비를 이야기하는 모양이다.
 지금 이 말을 듣지 못했다면 이모부와 이모가 돌아가신 후 10만 엔 동전은 장롱과 함께 버려졌을 게 분명하다.
 "앗, 그래요? 그럼 잊어버리기 전에 얼른 찾아봐야겠네요."
 "근데 장롱 앞에 이불이다 뭐다 잔뜩 쌓여서 문을 못 연단 말이지."
 1940년대 후반에 지어진 목조 가옥을 증축해서 만든 이 집에는 우리 어머니가 모아둔 물건 따위는 귀여워 보일 정도로 물건들이 잔뜩 쌓여 넘쳐나고 있다. 세상에서 흔히 말하는 쓰레기 집이 되기 일보 직전의 상태다.

"그럼 그냥 보기라도 할게요"라고 말하며 2층으로 올라갔지만, 한때 이모와 이모부가 침실로 썼던 약 13평짜리 방은 이불과 안 입는 옷이 잔뜩 쌓여 있어 장롱까지 쉽게 도달할 수도 없었다.

"역시 오늘은 힘들겠네요. 다음에 2층 정리할 때 할게요."

라는 말을 남기고 이모 집을 나오긴 했지만,

"아니, 그래서 다음이 언제냐고!"

나는 스스로에게 타박을 주었다.

정작 당사자는 문제를 알아차리지 못한다

자동차 보험 해약과 소액 정기 예금을 한꺼번에 모으는 작업은 서장에 불과했다. 이모부의 치매가 더 심해지면 필요할 때 아예 서류에 사인조차 못 하게 될 가능성이 있다. 그렇게 되기 전에 해둬야 할 일을 노트에 적어 하나씩 정리해 나갔다.

우선 지역포괄지원센터에 연락해서 개호 인정 절차를 밟기로 했다.

그러나 문제는 이 두 분은 우리 부모님 이상으로 손이 많이 간다는 점이었다.

"사실 민생위원을 맡고 계신 분한테서 연락을 받아 몇 번 이 댁을 방문했는데, 특별히 곤란한 일도 없고 부부 두 분이 별문제 없이 생활하시는 것 같아서요. 설마 그런 심각한 상태였을 줄은 몰랐습니다."

개호 인정 면접을 위해 찾아온 지역포괄지원센터의 개호 지원 전문원으로부터 보고를 받았다.

기억을 잃었다는 것 자체를 기억하지 못하는 당사자들은 생활에 어려움을 겪는다는 인식도 없을뿐더러, 자신들이 놓인 상황을 객관적으로 파악할 수도 없다.

예상대로 두 분 모두 무슨 질문을 받아도 '괜찮다'라고만 대답한다.

바로 그때, 어떻게 보면 운 좋은 사고가 일어났다.

면접 중에 이모부가 실금을 해버렸기 때문이다.

나는 요즘 이모부가 종종 실금을 한다는 이야기를 미리 이모한테서 들었기 때문에 종이 기저귀까지 준비해 두었다.

"이모부, 바지가 젖은 것 같아요. 화장실 가서 종이 기저귀 입고, 바지도 갈아입고 오세요"

이모부와 이모가 화장실에 간 사이,

"같이 살고 있지 않아서 자세한 건 저도 모르지만, 제가 알게 된 부분만이라도 이렇게 정리해 두었어요."

부모님 면접 때처럼 운전면허증 만료 사건부터 시작해서 여러 가지로 내가 이해한 상황에 대해 항목별로 적은 A4 용지를 전문원에게 건넸다. 그리고 "실금은 일상인 것 같아요.

그리고 언제 뭘 여쭤도 이모부는 늘 멍하시고요"라는 말도 덧붙였다.

"그래요? 실금이 시작됐다는 건 치매가 더 심해졌을 가능성이 있겠네요."

전문원과 그런 대화를 주고받고 있는데 이모부와 이모가 돌아왔다.

"지난번 면접 때 사다키치 씨는 고혈당과 고혈압이 있어서 당뇨약을 처방받았다고 들었는데, 약은 잘 드시나요?"

개호 지원 전문원의 물음에 이모부는 "이제 병원에도 안 가"라고 느긋하게 대답했다.

이모부가 당뇨병을 앓고 있었다는 것 자체가 아닌 밤중의 홍두깨였다.

보험과 예금만이 아니라 자기 몸 관리도 못 하는 상황이었을 줄이야….

하도 어이가 없어서 이제 자포자기의 심정이었다.

그렇다고 해서 그냥 놔둘 수는 없는 노릇이다.

"이모는 알고 계셨어요? 이모부가 당뇨병이라는 거."

"알고는 있었지만 본인이 이제 됐다고 하니까."

뭐가 '됐다고 하니까' 냐고!

이모가 모든 일을 남에게만 맡기고 자신은 무엇 하나 직접 결정할 줄 모르는 사람인 줄은 진즉에 알고 있었지만, 설마 남편 건강까지 방치하고 있었을 줄이야….

"아까 목이 마르다거나 몸이 나른해서 종일 꾸벅꾸벅 존다고 하셨는데요, 실금이나 치매 증상이 시작된 것도 당뇨병이 원인일 수 있으니 서둘러 병원에서 검사를 받으시는 게 좋겠습니다. 개호 인정 때는 의사 진단서도 필요하니까요."

"알겠습니다. 바로 예약해서 모시고 갈게요."

　병원에 부모님 모시고 가는 것도 그렇게 큰 난리였는데, 거기에 이모부와 이모까지 더해지다니….

　이건 무슨 수행이냐! 벌칙 게임이냐고!

　나도 모르게 하늘을 올려다봤다.

　그 후에도 금시초문의 연속이었다.

"그 외에 평소 생활하시면서 문제는 없었나요?"

"남편이 밥 먹을 때 '어머니는 아직 안 오셨나?'라는 말도 하고, '어머니 불러올게'라며 돌아가신 시어머니를 찾는 행동을 하더라고. 그래서 '어머님은 이미 세상 떠나셨잖아. 성묘 가고 싶어서 그래?'라고 물어보면 '없으면 할 수 없지' 하고 포기하던데."

이모의 갑작스러운 고백에 나는 화들짝 놀랐다.

"매일 목욕은 하세요?"

"일주일에 한 번 하면 다행이지 뭐."

…그렇다면 일주일 이상 안 씻을 때도 있다는 뜻?

이번에는 정말로 눈알이 튀어나올 지경이다.

이모 부부를 은행과 경찰서에 데리고 갔을 때, 이모가 사흘 연속으로 같은 블라우스를 입었던 것과 땀 냄새, 실금 때문에 나는 소변 냄새, 노인 특유의 냄새까지 뒤섞인 악취가 나서 설마… 했지만, 사실은 그게 이유였다니.

"목욕하시기 귀찮으세요?"

"이이가 안 씻겠다고 하는데, 나 혼자만 쓰겠다고 목욕물 데우는 것도 좀."

근검절약하는 이모다운 대답에 나는 이날 몇 번이나 깊은 한숨을 내쉬었다.

"이모부가 목욕을 안 해도 이모만이라도 하면 되잖아요. 목욕물 받는 게 귀찮으면 샤워만 해도 되니까."

보다 못한 내가 끼어들었지만,

"난 샤워가 싫어. 욕조에 물 받아놓고 몸을 담가야 목욕한 기분이 든다고." 이모는 주눅 드는 기색도 보이지 않았다.

이모와 이모부 모두 원래 성격인지, 아니면 나이를 먹어 만

사가 귀찮아져서 그런지는 알 수 없었지만, 집 전체도 그렇고, 입고 있는 옷도 그렇고, 청소나 빨래가 제대로 이루어지지 않는다는 건 분명했다. 될 수 있으면 가까이 가고 싶지 않게 만드는 부정적인 기운이 뿜어져 나오고 있다. 하지만 그런 두 분을 챙겨드려야 하니, 이런 상황이 오래 이어지면 짜증이 혐오감으로 변할 것이다.

면접을 마치는 동시에 이모 집에서 차로 5분 걸리는 곳에 있는 진료소를 예약하고, 이튿날 둘을 데리고 갔다.
"오, 여긴 처음 온 곳인데."
진료소 주차장에 차를 세우자 이모부가 뚱딴지같은 소리를 했다.
소변과 혈액을 채취하고 하세가와식 치매 스케일로 검사를 받은 후 진료실로 들어가자, 이모부는 좀처럼 진정하지 못해 두리번거렸다.
"여긴 처음 왔어."
"작년 5월까지는 매월 오셨어요."
의사가 그렇게 말해도 "그랬나…" 할 뿐, 이모부의 머릿속에서는 이미 그 시기의 기억이 사라진 듯했다.
"그 이후부터 발길을 끊으셨는데, 무슨 일이라도 있으셨어요?"

"글쎄…."

"이렇게 혈당치와 혈압이 높으셨으면 많이 나른하셨을 것 같은데 어떠세요? 몸이 무겁다거나 움직이기 힘들다거나 그런 건 없으셨나요?"

"글쎄…."

무슨 질문이 나와도 이모부는 그저 고개만 갸웃거릴 뿐이었다.

"특히 혈당치는, 보통이라면 바로 입원해야 할 정도입니다. 다만, 지금 상태에서 입원하게 되면 치매가 급격히 진행될 가능성이 있어서, 우선은 약을 제대로 복용하면서 당분간 경과를 지켜보고 싶습니다. 그렇게 해도 괜찮으시겠습니까?"

"네, 괜찮습니다."

이 단계에서는 그렇게 대답할 수밖에 없다.

"그리고 20점 이하가 나왔을 때 치매로 진단되는 하세가와식 치매 검사 결과 말인데요, 사다키치 씨의 경우 8점이니까 꽤 많이 진행된 것 같네요."

8점이라니!

숫자가 제시되니 이모부의 치매 진행 상태가 얼마나 심각한지가 느껴졌다.

"사실 이모부께서 운전면허증 갱신도 안 하신 채 반년이나 운전을 하셨어요."

"그러셨군요. 제가 결정할 일은 아니지만, 수치와 상황을 보면 요개호 1이나 2는 해당할 것 같으니 우선 데이 서비스 등을 이용하시면서 생활 개선에 신경을 써주세요."

"네, 지금 개호 인정 절차를 밟는 중이거든요. 진단서 부탁드립니다."

"알겠습니다. 진단서는 시청에서 서류가 도착하면 바로 작성해서 돌려보내 드리겠습니다."

이미 앞서 언급했듯 데이 서비스 등을 이용하려면 개호 인정을 받고, 여러 가지 서류에 날인을 해야 한다. 원래라면 이모부의 치매 초기 증상이 나타난 순간, 이모가 스스로 못 하면 누군가에게 절차를 도와달라고 해서라도 진행했어야 할 일인데, 그걸 하지 않았으니 이렇게 병세도 악화한 것이리라.

"이모는 이모부가 당뇨병이라는 거 알았죠?"

돌아가는 길에 차에서 다시 한번 확인하자, "알긴 했지만 본인이 이제 병원에 안 가겠다고 하니까"라며 이모는 여전히 똑같은 대답만 했다.

"만약 이대로 약을 먹지 않고 있었더라면, 치매가 더 심해져서 이모도, 심지어 본인도 누구인지 모르게 될지도 모른다고요."

"그랬구나…."

"이모부가 아무래 괜찮다고 해도 이모가 신경 써야 해요. 같이 사는 사람이 아니면 이런 건 알 수 없으니까."

나도 모르게 말투가 날카로워졌다.

"그리고 의사 선생님도 말씀하셨지만, 가고 싶다거나 가기 싫다거나 하는 게 아니라, 두 분 다 데이 서비스에 가서 거기서 목욕도 하셔야 해요. 알겠죠?"

내가 무슨 어린이집 선생님도 아니고!

두 분에게 그렇게 당부하는 사이에도 짜증 때문에 관자놀이가 욱신거리기 시작했다.

꾸물거리고 있을 때가 아니다.

시청 담당자와의 면접을 거쳐 개호 인정만 받으면, 바로 케어 매니저에게 상담해서 두 분을 받아줄 데이 서비스 시설을 찾는 작업에 돌입해야 한다.

하지만 그 모든 과정에 입회해서 이모 부부를 대신해서 모든 서류를 확인하고 대리인으로 서명 날인을 해야 하니, 둘을 위해 할애해야 할 시간이 점점 내 생활을 침식해 나갔다.

모든 일에 있어 본인이 주도권을 잡지 않으면 속이 풀리지 않을 정도로 고집이 센 어머니와 겨우 한 살 차이인 여동생이자, 무엇 하나 스스로 결정하지 못 하는 이모. 동기간에 같은 집에서 같은 시절을 보냈다는 게 믿기지 않을 정도로 대조적이었지만, 돌보는 입장에서 보자면 둘 다 골치 아프다는 건 마찬가지다.

"주소나 생년월일은 제가 쓸 테니까, 이모부와 이모는 여기에 본인 이름만 쓰세요. 아시겠죠? 쓸 수 있어요?"

서류를 앞에 두고 꾸벅꾸벅 졸기 시작한 이모부를 깨워 펜을 쥐게 하고, 성명란에 서명하게 했다. 그 과정을 계속 반복했다.

아무리 IT가 발달했다고 해도, 전자 신분증을 만들어뒀다고 해도, 이 세상은 아직도 서명과 날인이 필요하다는 것을 최근 매일 깨닫고 있다.

대체 내가 무슨 죄를 지어서…

앞으로 이모나 이모부가 입원했을 때 또는 요양원에 들어갔을 때, 내가 보증인으로 관계 서류에 사인해야 하는 이상 예금이 얼마나 되는지 알아야 하고, 이모와 이모부를 대신해서 입금 및 출금을 할 수 있게 처리해 두어야 한다.

"이모부와 이모에게 만약의 일이 생겼을 때 저랑 오빠가 돌보거나 여러 가지 절차도 밟아야 할 것 같은데 맡겨주실 거죠?"

이모와 이모부한테 확인하자 이모부는 "그래, 다 맡기마"라고 대답했고, 이모는 "미키코(이모의 제일 막냇동생으로 75세, 가명)도 그러더구나. 무슨 일이 있을 때를 대비해서 누구한테 뒤를 맡길지 빨리 정해두는 게 좋다고. 근데 내가 뭘 하면 좋을지 몰라서. 그러니까 너와 네 오빠가 알아서 해준다면 물론 부탁해야지"라며 이해를 표시했다.

그렇지만 구두 약속으로만 끝낼 수는 없었다. 훗날을 위해서라도 전문가의 조언을 들어 정식으로 처리해 두는 게 좋을 것이다.

이모와 이모부, 오빠와 나까지 넷이서 법무사 사무실을 찾았다.

재산이나 유언에 관한 제반 절차는 뒤로 미뤄지기 십상이지만, 이걸 빨리해 두지 않으면 나중에 큰일이 생긴다. 물론 특별히 무슨 자산가는 아니지만, 돈에 관해서는 확실히 해두는 편이 제일이다.

고등학교 선배이기도 한 법무사는 이모부와 이모도 알아들을 수 있도록 상세히 설명해 주었다. 두 분이 이해한 것을 확인한 후 법무사는 이모부의 치매가 진행되어 예금이나 토지·건물 등의 관리, 공공요금이나 고정 자산세 등을 납부하지 못하게 됐을 때 이모부를 대신해서 그 일을 처리할 '임의 후견 계약 공정증서'와, 이모와 이모부가 사망한 후 둘의 재산을 상속하기 위한 '유언 공정증서'를 작성해야 한다고 아주 쉽게 설명해 주었다.

"그럼 사다키치 씨와 히사코 씨의 친족 관계를 확인하기 위해 두 분의 형제자매, 조카 등의 관계를 표로 만들어보죠" 라고 법무사가 말한 것까지는 좋았지만, (이모는 우리 어머니의 동생이라 나와 오빠가 다 알고 있으니 문제없으나) 이모부 쪽은 전혀 알 수가 없었다.

"이모부는 형제가 몇이에요?"

"형제…. 다섯 명이야."

이 부분은 아직 제대로 아는 모양이다.

"그럼 위에서부터 형제 이름을 순서대로 말씀해 보세요."

"이름…" 하고 말하더니 이모부의 표정이 굳어졌다.

"아이고, 이이가 형제 이름까지 잊어버렸나 보네" 하며 이모는 이모부가 다섯 남매 중 장남이라는 것과, 이미 이모부 이외의 네 남매는 세상을 떠났다는 것, 이모부의 누나와 남동생 둘, 여동생의 이름까지 이모부를 대신해서 답해 주었다. 그 덕분에 간신히 표를 완성할 수 있었다.

그러나 이모부 쪽의 조카에 대해서는 평소 전혀 왕래가 없고, 몇 년이나 만나지 않아서 "열 명 정도인가?"라며 이모도 잘 몰랐다.

자, 여기까지 기억해 낸 건 다행이지만, 일본 전국에서 가장 심각한 것이 바로 빈집 문제다.

내가 사는 지역에서도 법정상속인이 몇 명이나 돼서 수습이 안 된다느니, 토지를 팔아도 유품 정리나 가옥 해체 비용을 마련할 수 없다느니…, 사정은 제각각이지만 당장이라도 무너질 것 같은 낡은 집이 이곳저곳에 방치된 상태다.

하지만 그런 집이 바로 이웃에 있다면 보통 골치 아픈 게 아니다.

2019년 9월 대형 태풍이 보소반도를 직격했을 때도 빈집의 기와가 날아와 창문 유리를 깨거나 노후화된 집 벽이 무너지는 등의 피해가 발생했어도, 그 빈집 주인을 알 수 없는 바람에 수선비를 자신의 보험으로 충당할 수밖에 없었다는 사례가 곳곳에서 속출했다.

좁디좁은 시골 공동체이기에 동네에서는 우리와 이모가 친척 사이라는 건 당연히 잘 안다. 그래서 무슨 일만 생기면 바로 우리 집에 연락이나 문의가 오는 것도 어쩔 수 없는 일이긴 하다.

솔직히 귀찮기 이를 데 없지만, 아주 심하게 낡은 이모네 집도 두 분이 세상을 떠난 후 그대로 방치할 수는 없는 노릇이다.

이런 상황에 돈 이야기를 꺼내긴 거북하지만, 돈 문제를 빼고 상속을 논할 수 없고 돈이야말로 가장 중요한 부분이다.

도심의 노른자 땅이라면 모를까, 치바현 한구석에 있는 60평 정도의 땅을 팔아봤자 평가액을 그대로 계산하면 1평당 5만 엔×60평으로 300만 엔 정도밖에 안 된다.

게다가 건물 해체 비용의 시가가 평당 5만 엔이라고 하니, 땅을 팔아도 유품 정리나 노후화된 이 집 해체에 드는 비용을 마련하기는커녕 오히려 돈을 더 대야 할 가능성이 크다.

그럼에도 이모 부부가 사망한 후 집과 땅을 처분하려면 그 어디에 사는지 알 수 없는 이모부 쪽 조카 모두의 도장을 받아야 한다고 하니, 누가 좋아서 그런 수고를 들일 수 있을까….

그런 사태를 방지하기 위해 상속인을 확실히 하는 절차를 공증사무소에서 처리해 두어야 한다.

다만 법적인 절차를 진행하려면 또다시 인감 증명이나 호적 등본을 비롯하여 여러 서류가 필요하다.

그리고 그 서류를 준비하는 건 이모부와 이모가 아니라 바로 나다.

네, 할게요. 하긴 하겠는데….
이 부부는 뭘 해도 남들의 몇 배나 시간이 걸린다.

예를 들어, 공증사무소에 가기 전에 이모와 이모부의 인감 증명에 호적 등본, 임의 후견인이 되는 오빠와 나의 인감 증명과 호적 등본, 거기에 토지 건물 자산 가치를 시산하기 위한 등기부가 필요한데….

"등기부나 인감 등록 카드는 어디 보관하고 있어요?"

"그걸 어디 뒀더라…."

아예 말이 안 통한다.

운동회 릴레이 경주 때 자주 나오는 음악 〈천국과 지옥〉이 머릿속에서 재생되면서, 나는 느긋하게 차만 마시는 두 분을 곁눈질하며 얼른 집 안 수색에 나섰다.

불단 아래, 이모부가 쓰는 작업용 책상 서랍 등 짐작이 가는 곳을 다 찾아봤지만 오래된 봉투나 낡은 노트, 쓸모도 없어진 펜 종류 등 불필요한 물건만 잔뜩 나왔을 뿐, 정작 중요한 등기부나 인감 등록 카드는 보이지도 않았다.

또 이렇게 노력이 물거품으로 끝나는 것인가….

뱃속 깊은 곳에서부터 허무함과 짜증이 치민다.

이러고 있다가는 끝이 없다. 마음을 다잡고 두 분을 데리고 시청으로 가서 사정을 설명하자, 이모와 이모부 앞으로 각각 '인감 등록증(카드) 분실 신고서' '인감 등록증(카드) 재발행 요청서' '인감 증명 신청서'와 '호적 증명서 등의 청구서'까지 총 일곱 통의 서류가 필요하단다.

　나의 '인감 증명 신청서'와 '호적 증명서 등의 청구서'를 더해서 총 아홉 통. 물론 기입하는 건 두 분이 아니라 바로 나다.

　최근 2주일 동안 이모 부부의 주소, 생년월일을 대체 몇 번이나 쓴 걸까….

　병원에서도, 은행에서도, 관공서에서도 나 자신에 관한 용건이라면 겨우 몇 분 만에 끝날 텐데, 둘을 데리고 가면 순식간에 반나절이 지나간다. 게다가 중간에 '화장실 가고 싶어'라는 말까지 나오니 더더욱 예정대로 끝난 적이 없다.

　그뿐만 아니라 등기부 수색 중에 발견한 고정 자산세 납부 통지서를 펼쳐보고 깜짝 놀랐다. 토지 명의는 이모부인 사다키치로 되어 있지만, 건물은 '○○ 요네키치'로 되어 있었기 때문이다.

　"요네키치라면, 이모부의 돌아가신 아버지잖아요."

　물어보는 순간부터 두통이 몰려온다.

　"여기에 요네키치 님이라고 적혀 있는데, 그분이 돌아가셨을 때 명의 변경 안 하셨어요?"

　이렇게 물어봤자 내가 원하는 답은 돌아오지 않을 것을 알지만, 중요한 부분이라 그냥 넘어갈 수는 없다.

"글쎄….”

이제 이 대답이 나오는 것도 다 예상한 바다.

이대로 명의 변경을 하지도 않고 이모부가 돌아가시기라도 하면, 어디까지 대를 거슬러 올라가 절차를 밟아야 하는지…. 생각만 해도 무섭다.

실제 명의는 어떻게 되어 있을까. 법무사에게 요청해서 알아봐 달라고 부탁하자, 땅은 분명 이모부 명의로 되어 있지만 집은 1940년대에 건물주였던 요네키치 할아버지가 세웠을 적의 명의 그대로 남아 있을 뿐 증축한 부분이 전혀 반영되지 않았다는 것이 판명됐다.

요네키치 할아버지가 돌아가신 후에 매년 집으로 날아오던 고정 자산세 납부 통지서를 보면서 아직 5, 60대였던 이모부는 아무 생각이 안 들었던 걸까. 그보다 집 증축을 했을 때 왜 이런 절차를 처리하지 않았던 걸까….

이렇게 되면 치매 증상 운운하는 건 핑계가 되지 않는다.

곧바로 명의 변경을 요청했지만, 그러려면 현존하는 건물의 정확한 도면과 그게 집 한 채에 대한 것임을 증명하기 위해 집 안 곳곳의 사진을 법무국에 제출해야 한단다.

그래, 이미 타버린 배이니까 해야지. 하긴 하겠는데, 왜 내가 그렇게까지 해야 하는 걸까…. 너무나도 귀찮은 나머지, 될 대로 되라는 식의 자포자기에 빠지고 말았다.

 그리고 맞이한 측량 당일. 입회하는 것도, 집 안을 안내하는 것도 나인데….
 조카인 나조차도 발을 들이는 게 주저될 만큼 엄청난 물건으로 발 디딜 틈이 없는 데다가 먼지투성이인 집으로 남을 들여야 하니, 부끄럽고 한심하고 면목이 없어서 기절할 지경이었다.
 우선 아침 일찍 법무사 사무소 담당자와 같이 이모 집을 둘러보고, 외벽 측량을 시작한 것까지는 좋았는데….
 잡초가 마구 자라났을 뿐만 아니라 물이 담긴 양동이나 화분이 아무렇게나 방치되어 있어서, 벌레 퇴치 스프레이를 손발에 뿌렸음에도 반소매 바깥으로 나온 팔 곳곳이 모기의 먹잇감이 되고 말았다.
 생산성이 있는 것이라면 모를까, 뒤처리를 위해 들이는 시간과 노력만큼 허무한 것도 없다. 대체 무슨 죄를 지어서 내일까지 뒤로 미뤄가면서 이모 부부를 위해 이렇게 힘을 쏟아야 하는 것일까. 여기까지 오니까 이제 뭐가 뭔지 하나도 모르겠다.

증축된 2층으로 올라가서 산더미처럼 쌓인 이불과 옷을 치우자, 마스크를 끼고 있어도 코가 시큰거리기 시작한다.

"집이 더러워서 죄송합니다."

담당자에게 대체 몇 번이나 머리를 숙였던 걸까.

반나절이나 걸리는 측량을 마치고 담당자를 보낸 후에 우리 집으로 돌아오고 보니 온몸이 가려워서 미칠 것 같았다. 청바지를 벗고 확인해 보니 무릎부터 아래까지 웬 오돌토돌한 빨간 반점이!

설마 진드기까지…?! 진짜 미치겠네!

얼른 샤워를 마친 나는 목과 팔부터 다리 전체에 이래도 가렵나 보자 하는 기세로 가려움 방지 연고를 마구 발랐다.

필요한 서류를 모두 갖춰 법무사 두 명의 입회 하, 공증사무소에서 '임의 후견 계약 공정증서'와 '유언 공정증서'의 작성 및 일자 확정까지 완료했지만, 여기서도 또 서명과 인감이 필요하다는 건 말할 것도 없다.

공증인의 질문 도중에도 이모부가 '화장실 가고 싶다'라고 한 건 그냥 애교로 치고, 어쨌든 일은 다 끝냈으니 다행이다. 이러면 얼마나 좋을까!

이모와 이모부를 둘러싼 사건은 이후로도 계속되었다.

백신 접종도 한 고생

코로나 백신 접종도 두 번, 세 번 횟수를 거듭하면서 큰 기다림 없이 예약할 수 있게 되었다. 그러나 2021년의 골든 위크가 끝나고 의료 종사자에 이어 노인의 백신 접종이 순차적으로 이뤄졌을 즈음만 해도, 전화나 인터넷 연결도 안 되는 등의 문제로 예약 잡는 것만으로도 엄청난 수고를 들여야 했다는 사실은 누구나 선명히 기억할 것이다.

부모님과 이모 부부까지 네 명의 예약을 잡아야 하는 나는 접종권을 받기 전부터 전전긍긍했다. 우리 지역에서 발행되는 일간지에 '대규모 예방 접종 센터만이 아니라 근처 병원에서도 접종 가능'이라는 기사가 나와 있는 걸 본 아버지는 "난 멀리 가는 거 싫으니까 근처 병원으로 하련다"라며 혼자서는 아무것도 못 하면서 요구사항만큼은 확실히 전했다.

우리 집 근처 병원 홈페이지에 접속하는 동시에, 조깅하는 김에 시내의 진료소에 붙은 '백신 접종 안내'를 확인하며 다녔다.

그러던 와중에, 일간지에 기사가 실린 이후 전화 문의가 쇄도해서 진료에 지장을 준다는 이유로, 어느 진료소든 번호표를 배부하고 그 번호표에 적힌 일시에 다시 방문해서 예약하라는 시스템이 도입됐다.

그리 서두를 필요는 없겠지. 그렇게 생각하며 번호표를 배부한다는 날 아침 7시 넘어서 조깅하는 김에 근처 S 진료소 앞을 지나가는데, 8시 반부터 배부 개시라서 아직 한 시간 이상 남았음에도 이미 줄은 장사진을 이루고 있었다. 게다가 대부분이 노인들. 그날의 번호표 배포 수는 30장이라고 고지가 됐음에도, 얼추 그 배나 되는 숫자의 사람들이 줄을 섰다.

조깅을 마치며 8시 반 넘어서 T 병원 앞을 지나가는데, 마침 그날의 번호표 배부가 끝났는지 "한 시간 전부터 줄을 섰는데 왜 표를 안 줘!"라고 거세게 항의하는 할아버지를 보았다. 다른 아주머니는 "난 다리도 안 좋은데 또 내일 받으러 와야 해요?" 하고 눈물로 호소 중이다.

아무리 그래도 병원 측 입장에서는 담담하게 대응하는 수밖에 없을 것이다.

만약 'T 병원은 달라고 조르면 어느 정도 통한다'라는 소문이라도 나면 정말로 감당이 안 될 테니 말이다.

이제 막 시작된 백신 접종 광상곡. 과연 네 명분의 예약은 언제 잡을 수 있을까… 라고 생각하며, 이튿날 8시 반 조금 전에 T 병원 앞을 지나가니 뜻밖에도 몇 명밖에 줄을 서지 않았다.

"혹시 지금 줄 서도 번호표 받을 수 있나요?" 내가 병원 직원에게 물어보니 "오늘은 아직 10장 남아 있어요"라는 답이 나온다. 이렇게 타이밍이 좋을 수가.

무사히 네 장의 번호표를 확보하고, 그날 오후 지정된 시각에 다시 T 병원을 찾아갔다. 그리고 부모님과 이모 부부까지 각각 이틀에 걸친 예약을 잡아서 일단 제1 관문은 통과했다.

"○월 ○일 오후 ○시에 예약을 잡았으니까, 그날은 20분 전에 출발할 거예요. 예진표는 제가 미리 기입해 뒀으니까, 그날은 체온 재고, 사인도 해야 해요. 가지고 갈 건 보험증이랑 처방약 수첩만 챙기면 되고요."

몇 번이나 설명한 나는 우선 부모님부터 모시고 병원으로 갔다.

접수처에서 예진표와 보험증을 제시하고 "그럼 성함과 생년월일 적어주세요"라며 담당자가 명부를 확인하는 그 짧은 시간 동안에도,

"허리가 아파서 못 서 있겠다"라며 아버지는 불평을 터트렸다.

"금방 안내해 드릴게요."

담당자가 그렇게 말했음에도,

"어이구, 허리가 아파. 아파 죽겠어."

아버지는 주변에 폐를 끼친다는 생각도 안 하고 계속 소란을 피웠다.

골치 아픈 건 우리 아버지뿐인가 싶었지만, 꼭 그렇지도 않았다.

예진표 작성도 안 하고, 본인 확인용 보험증이나 주민등록증도 없이 와서 담당자를 난처하게 만드는 할아버지가 있는가 하면, 예약 시간보다 세 시간이나 일찍 와서 아직이냐며 재촉하는 할머니도 있있다.

예약할 때 '예진표는 미리 작성해 주시고, 본인 확인용 보험증과 이 접종권을 가지고 예약 시간 15분 전에 와주세요'라고 귀가 따가울 만큼 설명을 들은 나로서는 병원 직원의

고충이 너무나 절절히 느껴져 절로 '고생 많으시네요'라고 격려를 하고 싶을 정도다.

다만 매일 부모님, 이모, 이모부와 접하다 보니 애당초 노인은 우선 남의 말을 안 듣는 것 같다는 생각이 들었다. 들어도 바로 잊는다. 기다리는 것도 모르고 상대방의 상황은 따져보지도 않은 채 바로 자기 고집부터 들이미는 걸 익히 잘 알고 있어서, 이제 난 이런 할머니 할아버지를 봐도 놀라지 않는다.

우리 아버지도 마찬가지. 접종 후에는 일정 시간 동안 정해진 장소에서 대기해야 하는데도 "언제까지 여기 있어야 하는 거냐"라며 짜증을 부리기 시작했다.

그뿐만이 아니라 "허리 아프니까 빨리 휠체어 좀 가지고 와라"라며 명령까지 한다.

'걸으실 수 있으니까 직접 걸어요!'라고 확 언성을 높이고 싶었지만, 공공장소에서 화를 내면 민폐도 그런 민폐가 아닐 수 없다.

'으으, 이 노인네가 정말!'

마음속으로 분통을 터트리면서 나는 휠체어를 가지러 얼른 병원 현관으로 향했다.

이튿날, 미리 알려둔 시각 30분 전에 이모 부부를 데리러 가자, 두 분은 느긋하게 차를 마시는 중이었다.

"백신 주사 맞으러 가야 하니까 빨리 준비하세요. 예진표는 작성해 두었으니 자, 여기 이름 쓰시고요. 그리고 순서대로 체온 재세요. 본인 확인용 보험증도 잊지 마시고."

이 둘을 대할 때는 조심, 또 조심하지 않으면 무슨 일이 벌어질지 알 수가 없다.

"보험증은 이거면 되니…?"

이모가 꺼낸 보험증을 보니 거기에는 2017년이라고 적혀있다.

"이 보험증은 오래된 거라서 못 써요. 시청에서 2021년 보험증을 보냈을 텐데."

"시청에서…?"

넉넉히 여유를 두고 온 건데도 벌써 접종 예약 시간이 임박했다.

전날 내가 직접 보험증을 확인해 두는 건데 하는 반성과 함께, 내가 이렇게까지 다 챙겨야 하느냐는 절망감이 들었다.

"이모, 주민등록증 가지고 있죠? 잠깐 지갑 좀 보여주세요."

"주민등록증…?"

"빨리요. 시간에 맞춰 안 가면 접종 못 받는다고요. 아, 이거다, 이거. 이거 있으면 되니까. 자, 어서 출발해요."

"그 전에 화장실 가도 되니?"

제발 좀! 몇 번이나 출발 시간을 알려줬으니까 화장실은 미리 다녀왔어야죠. 그렇게 소리치고 싶은 마음을 꾹 참고, 이모가 화장실에서 나오기를 가만히 기다렸다.

접종 센터에 도착한 후 '이름과 생년월일'을 묻는 말에 이모부는 "생년월일…" 하고 멍한 표정으로 굳어 버렸다.

"이모부, 생일이 1933년 9월 며칠이었죠?"

내가 이모부 귓가에 대고 속삭이자, 접수 담당자는 이런 노인 대응에 익숙한 모양인지,

"네, 괜찮습니다. 저쪽으로 가세요."

문진이 이뤄지는 부스로 안내해 주었다.

문진 중에도 나는 무슨 등 뒤에 선 유령처럼 바짝 붙어서 이모부 대신 대답했다.

접종 후의 대기 시간, 이모와 이모부의 둥글게 굽은 뒷모습을 보며 나는 언제까지 저 둘을 돌봐야 하는 걸까… 하는 생각이 문득 뇌리를 스쳤다.

그러는 한편, 두 분을 집까지 바래다 드린 후에 효력이 있는 올해 보험증을 찾아보고, 만약 없으면 재발행을 위해 다

시 시청까지 가야겠구나… 하는 생각까지 하는 나 자신. 물론 이 둘을 데리고.

  그렇지만 이모와 이모부는 이 조카의 마음을 전혀 모른다.

"돈가스 덮밥 먹고 싶은데."

"갑자기 그런 말을 하면 어떡하우? 닭고기가 있으니 닭고기 계란덮밥은 해줄 수 있지만."

"닭고기 계란덮밥…. 그럼 어쩔 수 없지 뭐."

  두 분은 여전히 차 뒷좌석에서 느긋한 대화만 해댈 뿐이었다.

서랍 안에서 백 엔 지폐가 한가득 나오다

신용금고의 소액 정기는 본점의 종합 계좌로 통합했지만 그 외에 C 은행이나 우체국에도 다른 계좌가 몇 개 더 있어서, 내가 이모와 2층으로 올라가 낡은 서랍을 열었더니 그곳에는 지금껏 쓴 예금통장이 빼곡하게 들어 있었다.

이제는 찾아볼 수도 없는 낡은 로고가 인쇄된 빛바랜 통장의 수가 무려 50개 이상이었다. "오래된 통장은 나중에 처분하고, 가장 최근에 쓰는 통장에 다 몰아두죠"라고 말하면서 내가 통장 다발을 꺼내자, 서랍 안쪽에 처박혀 있는 낡은 봉투 하나가 눈에 들어왔다.

두께는 2센티 정도 될까. 찢어진 곳 사이로 지폐 같은 것이 얼굴을 빼꼼히 내밀고 있다.

노인이라고 하면 당연히 장롱 속에 쌓아둔 현금. 1930년대쯤 태어난 이모가 거액의 현금을 장롱 안에 보관했다고 해도 이상할 게 없다.

"이 봉투는 이모 거죠? 안에 지폐가 들어 있는 것 같은데."

"지폐…? 그런 걸 넣어둔 적은 없는데."

물어도 이모는 그저 고개만 갸웃거렸다.

"이거 아무리 봐도 지폐인데요."

2센티 정도라면 혹시 200만 엔…? 아니, 더 많을지도 모른다는 생각에 열어보니,

이게 뭐야!

누렇게 변색된 100엔짜리 지폐 다발이 숨죽인 채로 발견될 날을 학수고대하면서 기다리고 있었다.

내가 철이 들었을 때는 이미 100엔 동전이 유통되는 시절이었으니, 이 지폐는 아주 오랫동안 서랍 안에 방치됐다는 뜻이 된다.

"이거 이모 돈 맞죠?"

"그런가…?"

"여기에 돈 넣어둘 사람은 이모밖에 없잖아요."

"그건 그렇지만."

"일단 돈 좀 세어볼게요."

이모의 눈앞에서 나는,

"1, 2, 3, 4 … 9, 10. 1, 2, 3, 4 … 9, 10."

열 장씩 묶어서 세었다.

그런데 이렇게 오랫동안 이걸 알아차리지 못할 줄이야…. 난 정말 이모라는 사람을 전혀 이해할 수가 없었다. 아무튼 그건 그렇고,

자, 결과 발표!

100엔 지폐 10장 묶음(천 엔)이 23개, 거기에 5장. 그럼 모두 2만 3천5백 엔. 만약 이게 1만 엔짜리 지폐였다면 얼마나 좋았을까 하는 생각이 순간 들었지만, 되지도 않는 상상은 안 하는 게 낫다.

"혹시 이거 이모가 시집오면서 가지고 온 비상금 아니에요?"

이모는 전혀 기억나지 않는 듯했지만, 아마 내 말이 맞을 것이다.

"이렇게 오래된 돈이면 슈퍼나 편의점에서는 못 쓸 테니까 다음에 은행에 가서 입금해요."

그런 말을 하면서, 전에 이모가 말했던 10만 엔 동전 이야기가 머리를 스쳤다.

"그러고 보니 전에 장롱 속에 10만 엔짜리 동전이 들어 있다고 하셨죠? 이참에 한번 찾아볼까요?"

말하고 나서 아차! 하고 순간 후회했다.

대체 어떻게 살면 집이 이런 꼴이 되는 거냐고!

장롱 앞에는 그렇게 소리치고 싶을 정도로 이불과 옷이 그득하게 쌓여 있었다.

"여기 있는 거 다 치워도 되죠?"

마음을 단단히 먹고 대대적인 수색에 돌입했지만, 13평짜리 일본식 방을 꽉 채운 고물의 양은 나 혼자 힘으로 감당하긴 버거웠다.

이마에 땀방울이 맺은 채 장롱까지 도달할 수 있도록 공간을 만들었다.

어째서인지 머릿속에서는 ULFULS의 〈근성으로 버텨!!〉 노래가 울린다.

만약 이렇게까지 했는데 찾아내지 못한다면 내 노력은 물거품으로 끝난다. 기왕 할 거면 반드시 찾아내야지. 사명감이라고 해야 하나, 오기라고 해야 하나, 잘 알 수 없는 감정에 등을 떠밀려 미지의 10만 엔 동전을 목표로 그저 앞으로 나아갔다.

"설마 이거…."

내가 이십 대 시절에 입었던 체크 재킷과 남색 블레이저 등이 산더미처럼 쌓인 낡은 옷 사이에서 모습을 드러냈다.

옷에 돈을 아끼지 않았던 이십 대. 당시 살던 아파트는 수납공간이 부족해서 입지 못하게 된 옷을 본가로 보내 처분해 달라고 했는데, 그게 돌고 돌아 이모 집 2층에서 40년에 가까운 여생을 보내고 있었을 줄이야…. 놀라서 주저앉을 지경이다.

만약 이모의 기억이 잘못된 거라면….
불길한 예감이 들긴 하지만, 여기서 그만두는 것도 어쩐지 마음에 안 든다.
이대로 수색을 계속할 것인가, 아니면 끝낼 것인가. 망설이면서도 길 없는 길을 개척해 나갔다.
어느새 머릿속 배경 음악은 ZARD의 〈지지 말아요〉로 바뀌었다.
낡은 옷더미를 옆으로 치우고 이불을 한곳으로 쌓아 올리자, 장롱의 양쪽 문을 열 수 있을 만한 공간이 겨우 생겼다.
지금 이 순간을 놓치면 영원히 장롱문을 열게 될 일은 없을 것이 분명하다.
좋았어! 각오를 다지며 문을 열고서 안을 들여다보았다.
하지만 이곳 역시 어처구니가 없을 정도로 옷이 한가득 채워져 있었다.

산 넘어 산. 솔직히 이제 지쳤다.

"이모, 어디쯤 놔뒀는지 기억나요?"

자포자기의 심정으로 물어보자,

"아래쪽이었던 것 같아."

별 도움도 안 되는 대답만 돌아왔다.

이렇게 되면 일단 해보는 수밖에. 꽉꽉 채워진 옷가지 사이에 손을 넣고 바닥을 이리저리 뒤적거렸지만 지름 3센티 정도의 동전이 그리 쉽게 발견될 리가 없다.

역시 안 되나 보다….

그렇게 포기한 순간이었다. 손가락 끝에 작은 상자 같은 것이 닿는 느낌이 났다.

만약 이것도 아니라면 정말 포기하겠다고 생각하며, 그 작은 상자를 꺼내 뚜껑을 열어보니,

오오!

그곳에는 10만 엔이라고 적힌 동전이 밖으로 나가길 기다렸다는 듯 빛나고 있었다.

"포기하지 않고 찾길 잘했네"라며 내가 이마에 맺힌 땀을 닦자,

'네가 찾았으니 네가 가지렴' 하고 이모가 마음을 써주는 일이 있기는커녕,

"이거 은행에 가지고 가면 받아주려나?"

하고 무심하게 나한테 묻는다.

"받아주겠지. 이게 진짜라면…" 하고 대답하면서, 2만 3천 5백 엔의 100엔 지폐 다발과 10만 엔 동전을 입금하기 위해 또다시 두 분을 은행까지 데리고 가야 한다는 사실에 나는 맥이 쭉 빠졌다. 총액 12만 3천5백 엔을 발견하는 데 들인 내 노력은 대체 뭐였단 말인가….

팬티 정도는 직접 좀 사세요

이모 부부가 월요일과 목요일, 일주일에 두 번 데이 서비스를 받을 절차를 마치고 무사히 그 첫날을 맞이했다는 사실에 안심한 것도 잠시, 요양시설 책임자로부터 전화가 걸려 왔다.

"무슨 문제라도 있나요?"

내가 조심스럽게 묻자,

"아뇨, 그런 건 아니지만…. 사실 목욕하실 때 속옷을 갈아입혀 드리려 했는데, 히사코 씨가 입으신 속옷, 그게 드로어즈라고 하나요? 그 팬티가 너덜너덜하더라고요."

"패, 팬티가 너덜너덜하다고요?"

되묻는 내 목소리가 평소보다 한 옥타브 높아졌다.

"네, 허리 고무줄 둘레의 천이 닳아서 떨어졌고 누렇게 됐더군요…. 아주 오래된 것 같더라고요."

세상에! 아무 말도 나오지 않았다.

"이모라서 같이 사는 건 아니라 어떤 속옷을 입고 계신지까지는 파악 못 했어요. 그렇게나 심하게 낡았나요?"

뜻밖의 사태에 머리가 상황을 따라가지 못했다.

"사다키치 씨야 종종 실금하신다고 하니, 팬티 사타구니 부분이 누렇게 된 건 어쩔 수 없지만요. 히사코 씨의 팬티도 상당히 더러운 상태라고 해야 하나, 너덜너덜해서요."

"그렇군요…."

시설 측도 보다못해 나한테 연락을 한 모양이다.

보통 민망한 일이 아닐 수 없었지만,

"알겠어요. 알려주셔서 감사합니다. 바로 새것을 사서 다음부터는 제대로 된 속옷도 같이 보내드리겠습니다. 사실 부끄럽게도 이모 댁이 쓰레기 집이 되기 일보 직전이라, 주변 사람이 생각하는 것 이상으로 못 하는 일이 많으실 거라고 생각했지만 설마 속옷까지…."

그리고 나는 마음을 다잡고 얼른 다음 일을 계산했다.

"아뇨, 참견하는 것 같아 죄송했는데 아무리 봐도 조카분께 말씀드리는 게 좋을 듯했어요."

"감사합니다. 앞으로 또 알게 되신 점이 있다면 편히 말씀해 주세요. 최대한 개선해 보겠습니다."

스마트폰을 귀에 댄 채 몇 번이나 고개를 숙였다.

아니, 이게 어떻게 된 일인지.

전화를 끊자마자 나는,

"지금 데이 서비스 책임자한테서 전화가 왔는데요, 히사코 이모가 잔뜩 낡은 팬티를 입고 계셨대요."

이모의 언니인 어머니한테 그렇게 말하자,

"낡았다니, 히사코의 팬티가…?"

어머니 역시 어이없어한다.

"히사코 이모와 사다키치 이모부가 오늘부터 데이 서비스에 갔거든요. 요즘 힘드신지 목욕도 제대로 안 하신 것 같아서 목욕 서비스도 부탁해 놨고. 그랬더니 거기서 이모 팬티가 낡았다고 하지 뭐예요. 이모는 대체 어떻게 사는 건지. 아아, 정말 챙기기 힘들다."

평소 같으면 내 말꼬리를 잡고 따지기만 하는 어머니도,

"걔는 생활이 어려운 것도 아니면서 한심하게 그게 뭐야!"

하고 눈살을 찌푸렸다.

"돈이 없거나 나이를 먹어서 그런 건 아닐 거예요. 이모는 예전부터 생활 모든 걸 다른 사람만큼 할 줄 모르니까 그런 거겠죠. 그러니 집도 쓰레기판이 되기 일보 직전이고, 속옷이 낡아빠질 때까지 입고 다니는 거잖아요."

"하긴 그렇겠지…."

"지금 바로 쇼핑몰로 가서 이모부와 이모 속옷을 사서 갖다줘야겠어요."

"돈은 있니?"

"그 정도는 있어요!"

나도 모르게 톡 쏘아붙였다.

차를 몰아 얼른 쇼핑몰로 간 나는 속으로 '드로어즈, 드로어즈'라고 중얼거리며, 평소 같으면 절대로 사지 않는 큰 팬티를 파는 매장으로 직행했다.

아버지가 압박골절을 당했을 때 올케언니가 사 왔던 오줌통처럼, 21세기인 오늘날에 드로어즈를 살 기회는 그리 흔치 않을 것이다. 참고로 드로어즈란 레이스도, 무늬도 없이 허리부터 허벅지까지 덮는 무명 재질의 헐렁한 팬티다.

요즘에도 드로어즈를 팔긴 할까… 하는 생각이 들었지만, 걱정할 필요도 없었다. S 사이즈에서부터 XL 사이즈까지 각종 크기별 드로어즈가 갖춰져 있었다. 그렇다는 건 수요가 있다는 뜻이리라. 드로어즈는 바로 옆줄에 진열된 컬러풀하고 섹시한 T백 팬티에 사용된 천의 몇 장에 해당하는 걸까. 같은 팬티라고는 보기 어려울 만큼 천의 양이 다르다.

게다가 T백 팬티가 더 비싸다니, 참 이 세상은 알 수 없는 것들투성이다. 그런 생각을 하면서 S 사이즈의 드로어즈와 반팔 셔츠, 내복 바지를 다섯 장씩 골라 장바구니에 넣고, 이번에는 남성용 속옷 코너로 서둘러 갔다.

그곳에서 이모부가 입을 반팔 셔츠와 잠방이를 다섯 장씩 챙긴 후, 소변이 새는 것을 대비하여 방수 기능이 있는 속옷이 있다는 소문을 듣고 간병용품 매장으로 향했다.

그런데 찾는 물건이 보이지 않는다.

처음 하는 심부름도 아니지만, 평소 통 인연이 없는 물품을 찾는 것에는 상당한 시간이 소요된다. 처음으로 발을 들인 간병용품 매장. 나름 공간이 큰 것을 보니, 이런 상품을 필요로 하는 사람들이 상당히 많은 듯하다.

그렇더라도 내가 드로어즈와 잠방이를 찾아 쇼핑몰을 헤매는 날이 올 줄이야…. 이걸 누가 상상했겠는가.

'이모와 이모부 속옷을 각각 다섯 장씩 사 왔어요. 다음에 데이 서비스 가실 때 꼭 이거 가지고 가세요.'

이모 집 거실 잘 보이는 곳에 메모를 남겨두는 것으로 그날 임무는 끝났지만, 이모 부부를 위해 내 시간을 쪼개면서까지 동분서주하는 나날은 그리 쉽게 끝나지 않았다.

이모가 골절로 입원,
그럼 이모부는 누가 돌봐야 하는가?

이모와 이모부가 데이 서비스에 다닌 지 3개월 정도가 지나, 두 분의 생활도 조금씩이긴 하지만 개선의 여지가 보이는 듯해서 안심하던 찰나.

"댁으로 모시러 갔더니 히사코 씨가 넘어졌다면서 움직이지 못하시더라고요."

아침 8시 반, 데이 서비스 직원으로부터 전화가 걸려 왔다.

나는 생선을 잘못 먹었다가 배탈이 나서 갖은 고생을 하고 난 다음 날이라 '오늘은 집에서 조용히 쉬어야지' 하며 생강차를 마시는 중이었다.

아직도 몸이 비실거렸지만, 이 연락에 가만히 있을 수는 없었다. 서둘러 옷을 갈아입고, 혹시 몰라 정로환을 먹은 후 이모 집으로 차를 내달렸다.

들어보니 이모부가 실금하는 바람에 젖은 바닥을 닦으려고 이모가 허리를 굽히다가 발이 미끄러져 기둥인지 벽인지에 등을 세게 부딪쳤단다.

혼자 힘으로 걸을 수 있으면 내가 운전하는 차로 이모를 병원까지 데려갈 수 있지만, 조금만 움직여도 이모가 "아야! 아야!" 하고 인상을 쓰니 난생처음으로 119에 연락을 했다.

병원으로 구급차를 타고 가야 하는 상황에서 치매 증상이 있는 이모부를 같이 데리고 갈 수도, 그렇다고 집에 홀로 남겨둘 수도 없었다. 그래서 이모부만 데이 서비스에 보냈다.

몇 분 후에 구급차가 도착하자, 나는 구급대원에게 상황을 설명하고 이송할 병원이 정해지길 기다렸다.

백신 접종 후에 보험증을 재발행해 두길 잘했다. 이모 지갑에서 보험증을 꺼내고 문단속을 한 다음, 나는 차를 몰아 이송될 곳인 T 병원으로 향하는 구급차를 쫓아갔다.

"보호자 분께서는 여기서 기다려주세요"라는 말을 듣고 기다리길 한 시간. 담당 의사로부터,

'척추가 압박으로 인해 골절되어서 한두 달은 입원해야 한다'라는 설명을 들었다.

"담당자가 입원 관련 설명을 해드릴 테니 잠시만 기다려

주세요"라는 말을 들은 것까지는 좋았지만, 어제 하루 내내 배탈로 고생해서 그런지 나까지 비틀거리는 중이다.

  이거 큰일인데….

  여기서 쓰러질 수는 없다.

  자판기에서 따듯한 벌꿀 레몬 음료를 사서 마시며 마음을 진정시켰다.

  그 후에 '입원하실 환자분, 가족분께'라는 안내에 따라 정숙하게 모든 절차를 밟으면 되겠지만, 역시나 여기서도 '입원 및 치료와 관련한 동의서'나 잠옷 및 타월 등 입원에 필요한 '세트 대여 이용서' 등 각종 서류에 보증인의 사인이 필요했다. 무슨 일이 생겼을 때를 위한 긴급 연락처도 당연히 나다.

  코로나 팬데믹으로 인해 입원 병동에는 환자밖에 들어갈 수 없는 상황인데, 그런 제반 사정을 잘 알지 못하는 이모는 "네가 병실까지 같이 가줄 거지?"라며 매달리는 눈으로 나를 본다.

  "여기서부터는 환자와 병원 관계자 외에는 못 들어간대요."

  들것에 실린 이모에게 그렇게 말했지만,

  "그렇구나…"라며 이모는 내 손을 꼭 잡고 놓으려 하지 않았다.

"간호사 선생님도 바쁘시니까 하는 말 잘 듣고, 빨리 낫도록 하세요. 그럼 갈게요."
일부러 담담한 어조로 말한 후 병원을 나섰다.

입원 수속 처리를 하는 사이에도 계속 이모부가 마음에 걸렸다. 이모는 병원에 맡겨두면 별문제 없겠지만, 이모가 입원한 사이에 이모부는 대체 누가 돌볼 것인가. 사실 이쪽이 더 큰 문제다.
92세와 90세의 노부모가 있는 우리 집에 실금과 망상 증상까지 있는 이모부를 모시고 갔다가는 과장이 아니라 정말로 '내가 먼저 죽어버릴 것 같아!'의 상황이 될 게 뻔하다.
그렇다고 해서 평소 별로 친척들과 어울리지도 않는 이모부를 돌봐줄 사람을 그리 쉽게 찾기도 어렵다.
"죄송하지만 저희 이모부께서 지내실 수 있는 요양시설을 급히 알아봐 주시면 좋겠는데요."
케어 매니저에게 긴급사태임을 전하고, 기도하는 마음으로 연락을 기다렸다.
그러는 사이, 이용 중인 데이 서비스 시설로 가서 이모가 입원했다는 것을 이모부에게 설명했다.
"오늘 아침에 이모가 넘어져서 등을 부딪쳤잖아요? 구급차 타고 T 병원으로 가서 진찰받았더니, 뼈가 부러졌다고 바로 입원하셨어요. 이모가 퇴원하실 때까지 이모부는 잠시 요양원에서 지내는 게 좋을 것 같아요."

"뼈가 부러졌으면 어쩔 수 없지."

이모부도 일단 납득하는 듯한 대답을 했지만….

"그래서 네 이모는 어디 입원했다고?"

몇 번이나 묻는다.

"그 T 병원 있잖아요."

"T 병원이라고…."

"네, T 병원."

"이모가 안 계시면 이모부 혼자 밥도 못 챙겨 드시잖아요. 2개월 정도 입원해야 한다니까 그사이에 이모부는 요양원에서 좀 지내세요, 아셨죠?"

"알았다. 근데 네 이모도 같이 가냐?"

"이모는 입원했어요. 그러니까 이모부만 요양원에 가셔야 해요."

"그래서 네 이모는 어디 병원에 입원했는데?"

"T 병원이요."

"나도 T 병원에 가나?"

"이모부는 T 병원이 아니라 요양원에 가셔야 한다고요."

무한 루프 같은 대화가 한동안 이어졌다.

이모부가 이해했든 안 했든, 요양시설에는 꼭 들여보내야 한다.

다만 노인 요양시설은 어디든 순서를 기다려야 해서 쉽게 들어갈 수도 없다. 만약 적절한 곳을 찾지 못하면 어떻게 될지…. 생각만 해도 속이 쓰리다.

만약 시설이 정해질 때까지 2, 3일 정도 걸린다고 해도, 예전부터 사이가 안 좋았던 이모부를 우리 집으로 모시고 갔다가는 아버지가 폭발할 게 뻔하다. 게다가 오빠 부부는 혼자 생활하시기 어려운 89세의 장인어른을 집에 모시고 돌보는 중이니 무슨 부탁을 할 수가 없다.

단기 거주와 데이 서비스, 도우미까지 활용하면 어떻게든 되긴 하겠지만…. 학수고대하는 마음으로 케어 매니저의 연락을 기다리고 있자니,

"돌봄 서비스가 있는 고령자용 주택에서 오늘부터 받아줄 수 있다고 하는데요, 한 날 비용이 30만 엔 정도 든다고 하는데 괜찮으시겠어요?"

확인 전화가 걸려 왔다.

"오늘부터 가능해요? 그럼 부탁드립니다."

나는 바로 대답했다.

물론 30만 엔이라는 금액은 나름 상당한 금액이기도 하지만, 지금은 그런 걸 따질 때가 아니다. 아무리 들어가고 싶어도 요양시설조차 찾기 어려운 요즘. 지금부터 받아주기만 해도 감사할 따름이다.

"그럼 4시 반 넘어서 본인과의 면접, 그리고 보증인 분과의 임시 계약을 위해 찾아뵙고자 하는데 괜찮으시겠어요?"

"네, 괜찮습니다."

안도한 것까지는 다행이지만, 이번에는 머리가 어질거린다.

배탈이 난 이후 어제는 스포츠 드링크 이외 아무것도 먹지 않았다. 오늘 아침 생강차를 마셨을 때 긴급 상황이 터졌으니까, 오늘도 여전히 고형물 음식은 입에도 대지 못했다.

당장 뭐라도 배에 넣지 않으면 내가 쓰러질 판국이다. 일단 우리 집으로 돌아가 냉동해 뒀던 현미밥을 죽으로 만들어 달걀을 깨 넣었다.

내가 부모님에게 이모의 입원, 이모부가 들어갈 시설을 찾았다는 소식을 시간 순서대로 설명하자, 어머니는 대체 어떤 마음인지 "고생도 가지가지 한다"라며 태연하게 내 속만 긁는 소리를 했다.

속에서 화가 치밀지만, 지금은 어머니를 상대할 때가 아니다.

  입원한 이모 쪽은 잠옷이나 생활용품까지 모두 대여로 처리할 수 있게 해두었지만, 이모부는 그럴 수가 없다. 요양시설에서 필요한 물건은 시설 직원한테 설명을 듣고 나서 나중에 갖추기로 하고, 우선은 이모부가 오늘 밤 입을 잠옷과 내일 입을 옷, 칫솔과 치약 등 필요한 최소의 물건을 들고 가도록 준비해야 한다.

  현미죽을 위장 속에 밀어 넣고, 또 혹시 몰라서 정로환을 삼킨 나는 이모 집으로 차를 몰았다.

  이모 집에서 속옷 종류가 들어 있을 것으로 보이는 서랍을 열어보니, 속옷이 죄다 사타구니에 닿는 부분이 누렇거나 고무줄이 늘어나 있고, 무릎이 튀어나왔거나 하는 등 제대로 된 것이 없었다.

  "얼마 전에 쇼핑몰에서 사 왔던 속옷이 있을 텐데…."

  평소에 잘 들어가지 않았던 불단을 모신 방으로 가보니 엄청난 양의 과자 봉지(게다가 80퍼센트가 유통기한 지난 것)가 산처럼 쌓여 있다. 그것만으로도 놀라울 따름이지만, 이것들 모두 아마 백중날이나 연말 선물로 받은 과자들이리라. 몇 년 전 날짜가 찍힌 양갱 선물 세트나, 내가 3년 전쯤에 오키나와 기념품으로 가지고 온 흑당 초콜릿까지 그대로 방치된 상태였다.

그리고 엄청난 양의 과자들 옆에는 이모와 이모부의 옷이 잔뜩 쌓여 있었다.

오늘은 일단 이 안에서 제대로 된 것을 골라 위아래 한 벌 들려 보내고, 내일 필요한 수만큼 사서 전달해야 할 것 같다.

오후 4시 전, 걱정돼서 상황을 보러 온 오빠와 데이 서비스를 마치고 돌아온 이모부까지 함께 요양시설 사람의 도착을 기다렸다.

"이모부, 아까도 말씀드렸지만 이모는 T 병원에 입원했으니까 오늘부터 이모부는 요양원에서 지내셔야 해요. 아셨죠?"

"입원했다면 어쩔 수 없지."

이모부는 그렇게 대답했지만, 정말로 자기 처지를 이해하고 있긴 한 걸까.

오후 4시 반에 시설장과 개호복지사, 시설을 소개해 준 케어 매니저가 찾아오자 나는 실금도 있고 종종 세상을 떠난 친어머니가 곁에 있다는 망상을 하시는 이모부 증상을 설명한 후, 바로 요양시설에 보낼 준비를 했다.

오빠와 내가 이모부의 입소 후에 대한 설명을 듣고, 오빠가 보증인 칸에 사인하는 중에도 정작 당사자는 입을 반쯤 벌린 채 꾸벅꾸벅 졸기 시작했다.

"평소에 언성을 높이거나 난동을 부리시지도 않고 이렇게 조용하신 분이어서, 그곳에서도 큰 문제를 일으키는 일은 없을 것 같아요."

하루 묵을 때 쓸 생활용품을 개호복지사에게 넘긴 후 준비가 완료됐다.

"이모부, 이제 가셔야죠."

내가 그렇게 말하자, 이모부는 가벼운 발걸음으로 시설 측 차에 올라탔다.

냉장고를 열었다가 얼어붙어 버리다

이튿날, 나는 '요양시설 입소를 위해 필요한 물품' 목록에 따라 준비를 시작했다.

잠옷 세 벌, 시설 안에서 입을 추리닝 상하의, 속옷, 양말 등을 사고, 카디건과 베스트 두 벌씩을 서랍장 안에서 깔끔한 것으로 골라낸 다음, 찻잔 등 최소한의 일용품 등을 갖춰 시설로 향했다. 다만 목록 속에 있던 전동 이발기는 아무리 찾아도 보이지 않았다.

차라리 사는 편이 빠르겠다고 생각하면서도 시설 직원을 통해 이모부한테 물어보니,

"그때그때 기분에 따라 아무 데나 두어서 어디 있는지 모른다고 하시네요."

라는 예상대로의 답이 돌아왔다.

"그냥 사는 게 빠르겠다."

쓴웃음을 지으면서 근처 대형 마트에 가서 전동 이발기를 구입해 다시 시설로 향했다.

정신을 차리고 보니 어느새 시각은 정오가 넘었다.

아무리 어쩔 수 없는 사정이라고 해도 그렇지, 어제도 오늘도 내 일은 하나도 하지 못했다. 그저께부터 배탈이 나서 제대로 식사조차 못 한 상태다.

오기로 버티고는 있지만 사실 몸도, 마음도 상당히 지쳤다.

그렇지만 아직도 해야 할 일이 많다.

요양시설에서 일을 마치고 돌아오는 중 길가에 있던 소바 가게로 얼른 들어가 달걀 우동을 위장에 흘려 넣으며, 머릿속으로는 오늘 중에 해야 할 일을 꼽아나갔다.

우선 신문 판매소에 전화해서 신문 구독을 중지하고, 이번 달 구독료를 내러 가야 한다. 데이 서비스 비용 결제도 끝내야 하고, 이모부가 복용하는 혈압약과 혈당약도 내일 다 떨어질 판이라 오늘내일 중으로 진료소에 가서 처방을 받고, 그걸 시설에 전달해야 한다.

이 모든 임무가 끝날 때까지 내 몸은 과연 버틸 수 있을까….

생각만 해도 머리가 깨질 것처럼 아프다.

점심 식사 후 밀크티라도 마시면서 느긋한 시간을 보내고 싶지만, 아직 마지막 대작업(이모 집 냉장고 안의 식재료 폐기)이 기다리고 있다.

이모 집이 쓰레기 집이 되기 일보 직전의 상태라는 건 이미 몇 번이나 언급했지만, 발 디딜 틈 하나 없을 정도의 주방만큼은 애써 건드리려 하지 않았다. 여기까지 얽히면 진짜 끝장이라며 못 본 척했기 때문이다.

그러나 2개월 동안 아무도 없게 될 집에 식재료를 그냥 놔둘 수는 없는 노릇이다. 게다가 내일은 음식쓰레기와 타는 쓰레기 버리는 날이다. 오늘 중에 음식쓰레기라도 지자체 지정 쓰레기봉투에 담아두지 않으면, 내일 아침 8시까지 쓰레기 집하장에 갖다버릴 수가 없다.

그럼 어디 시작해 볼까.
팔을 걷어붙이고 기합을 넣으며 냉장고를 열긴 했는데….
이게 뭐야!
아연실색, 망연자실, 경악, 충격, 기절….
그 어떤 단어를 써도 그때의 충격을 표현하는 건 거의 불가능할 것이다.
할 말을 잃은 채 나는 한동안 그 자리에 서서 멍해졌다.

어머니가 열심히 물건 사들이기에 열을 올리는 탓에 늘 초만원 상태인 우리 집 냉장고와는 상황이 완전히 다르게, 참담하다고 해야 할지, 기이하다고 해야 할지…. 도저히 형용할 수 없을 정도의 광경을 목격하고,

'여기서 분명 생활했던 거 맞지…?'

'이 안에 들어 있던 것도 먹은 거겠지…?'

하며 하마터면 주저앉을 뻔했다.

문을 열자마자 콧속을 찌르는 악취. 냉장고 도어 포켓에서부터 냉장실, 신선 보관실, 채소 보관실까지 공간이란 공간은 슈퍼에서 날것 등을 살 때 물건을 담아주는 반투명의 얇은 비닐봉지가 조금의 빈틈도 없이 꽉 채워져, 아니 쑤셔 박혀 있었다.

비닐봉지가 쑤셔 박혀 있다고…?

이렇게 말하면 무슨 소리인지 전혀 이해할 수 없을 것이다.

즉, 우유든 마요네즈든 생선 같은 식품이든 먹다 만 초콜릿이든, 뭐든 간에 온갖 식재료와 식품을 그 얇은 비닐봉지에 담은 채 가로세로 이리저리 쑤셔 넣어뒀다는 뜻이다.

대체 어디서부터 손을 대야 좋을지 모르겠다는 수준이 아니라 아예 어찌할 도리가 없는 상황이었다.

너무 끔찍해서 구역질까지 났다.

당장 그 자리에서 도망치고 싶었지만, 2개월에 걸친 이모의 입원 기간에 이걸 그대로 둘 수는 없다.

몇 초 후, 각오를 다지고 앞쪽에 있던 것을 꺼내 비닐 안을 들여다보니….

그러니까 왜 바로 쓰지 않고 그냥 놔두냐고!

반년 전 날짜가 찍힌 닭가슴살 팩이 그대로 들어 있다.

그것 말고도 유통기한이 지난 어묵 종류, 냉동 야키소바 등은 그나마 새 발의 피. 스푼이 푹 꽂힌 채로 먹다가 남긴 삶은 팥 통조림의 표면은 이미 새하얀 곰팡이로 뒤덮여 있다.

아아, 진짜 미치겠네!

구역질이 아니라 온몸에 두드러기가 날 것 같다.

특히나 가장 기괴했던 것은 회나 초밥 등을 샀을 때 딸려 오는 일회용 간장이나 와사비, 닭꼬치 등에 붙어서 오는 소스 등이 역시나 그 희고 얇은 비닐봉지에 잔뜩 담긴 채로 냉장고 선반 한 칸을 다 채워버릴 만큼 보관되어 있었던 점이다.

이걸 어쩔 셈으로 다 모아둔 거지…?

이제 여기까지 오니 아예 인간이 아닌 것 같다.

여기서 입 다물고 계속 묵묵히 작업했다가는 내 신경이 못 버틸 것 같다.

다음 개호 인정 면접을 대비해서 가스레인지나 싱크대 주변, 냉장고 속 상태를 증거 사진으로 남겼다. 그리고 정육과 생선, 달걀, 썩어가는 채소 등 당장 폐기해야 하는 것만 지자체 지정 쓰레기봉투에 담고, 내일 아침 일찍 이 쓰레기를 집하장에 가지고 갈 계획을 세운 후에 얼른 우리 집으로 돌아왔다.

스마트폰에 저장한 증거 사진을 오빠와 사촌 자매, 그리고 제일 막내 이모인 미키코한테 보여주자,

"뭐니, 이게? 어떻게 된 일이야…."

모두 인상을 찌푸리면서,

"이걸 혼자서 어떻게 처리해?"

라며 입을 모았다.

일요일 오전 10시, 총 다섯 명의 지원자가 이모 집에 모였다. 미리 스마트폰으로 증거 사진을 보여준 덕분인지, 다들 마스크는 물론, 앞치마에 고무장갑, 살균 스프레이와 물티슈, 낡은 걸레에 주방용 세제, 가루비누가 딸린 수세미, 대용량의 쓰레기봉투까지 각자 만반의 준비를 갖췄다.

다만 예상을 뛰어넘는 참상에,

"끄악! 곳곳에 바퀴벌레 똥이 잔뜩이야."

"별 이상한 게 다 나오네."

"어떻게 이만큼 더러워지도록 놔두신 거지."

각자 절규에 가까운 비명을 지르기 시작했다.

"그렇지? 일일이 소리치고 싶은 내 심정이 이해가 갈 거야."

"맞아, 맞아."

다들 일제히 고개를 끄덕였다.

"하나씩 확인했다가는 아무리 오래 해도 끝나지 않을 것 같으니, 그냥 싹 다 버리는 게 나을 것 같아."

"그럼 되겠네, 뭐."

모두 일을 분담해서 작업에 돌입했다.

"화장실과 세면장 청소는 내가 하마."

라며 걸레와 양동이를 들고 화장실로 가신 미키코 이모는,

"이게 어떻게 된 거야? 아무리 봐도 이건 1, 2년 묵은 때가 아니잖아!"

라며 신음했다.

그 이후로 약 3시간 동안, 다섯 명은 각자 열심히 정리, 아니 폐기하는 작업에 몰두했다. 주방과 화장실, 세면장만으로도 45리터짜리 쓰레기봉투가 거의 30개나 나왔다. 트럭 짐칸을 다 채울 정도였으니 놀라거나 어이없는 차원은 이미 넘어선 지 오래였다.

"오늘은 이걸로 끝내자. 아무리 해도 끝이 없으니까."

오후 1시를 넘어섰을 때 내가 말하자,

"그러네. 이렇게 되면 우리 같은 초보자가 할 일은 아닌 것 같구나. 남은 건 히사코 이모 부부가 돌아오고 나서 전문 업자한테 부탁하자."

미키코 이모까지 두 손 두 발을 다 들었다.

종종 미디어 매체 등에서 다뤘던 쓰레기 집에 사는 사람이 설마 우리 친척일 줄이야….

'현실은 소설보다 더 기괴하다'라는 말이 이해되는 순간이었다.

병원의 상담원, 쓰레기 집을 방문하다

이모가 입원하고 곧 2개월이 지나려던 때,
"재활치료사와 케어 매니저가 댁을 방문해서, 조카분 입회하에 난간 등의 설치가 필요한지, 동선은 확보되어 있는지 등을 확인해 보고 싶습니다만."
병원 상담원으로부터 전화가 왔다.
퇴원 후에 자립적인 생활을 할 수 있을지 여부를 확인하기 위함이라는 건 잘 알지만…, 이모 집은 가족마저도 기절초풍할 정도의 쓰레기 집이다.
"오시는 건 상관없지만, 집 안이 발 디딜 틈 없을 정도로 어질러져 있어서요…."
변명 같은 소리를 하며 말을 흐렸다.
"아뇨, 그건 괜찮습니다. 퇴원 후에 또 바로 넘어져서 골절상을 당하지 않기 위해서라도 사전에 위험 요소는 제거하는 게 좋을 것 같아요."

무슨 말을 하는지는 알겠지만…. 방문자를 받아들이는 측에서는 '언제든 오세요'라고 말할 수 없으니까 골치가 아프다. 그렇지만 방문을 거절할 수는 없는 노릇이다.

각오를 다지고 (대체 무슨 각오를!) 전투 개시.

우선 평소에 이모와 이모부가 사용하는 출입구 토방에 쌓인 먼지투성이 신발을 모두 처분하고, 대형 마트에서 사 온 난간을 설치했다.

이모부가 요양원에 들어간 지금, 석유난로에 석유를 넣는 건 이모한테 무리라고 생각하고 이것 역시 마트에서 사 온 오일 히터를 거실에 뒀다. 그리고 새카맣게 더러워진 화장실 매트와 욕실 매트를 새것으로 바꾸고, 해가 잘 드는 창가에 실내 빨래 건조대를 세워뒀다.

거실에서 화장실까지의 동선을 확보하기 위해 정리를 시작했지만, 복도에는 먼지를 뒤집어쓴 상자가 잔뜩 쌓여 있었다. 그중 하나를 조심스럽게 열어보니 낡은 옷과 빨랫비누, 종이봉투와 포장지 등이 한가득 담겨 있었다. 게다가 상자는 쉽게 치워낼 수 있을 만한 무게가 아니었다.

이 집을 다 치우다가 허리라도 나가면 아무리 후회해도 끝이 없을 것 같다.

"그냥 평소 집 모습을 보여야겠네."

또다시 각오, 아니 이번에는 뻔뻔하게 나가기로 했다.

그리고 드디어 병원 직원의 방문 날,

"너무 놀라지 마세요. 상상을 뛰어넘는 수준이니까요…."

미리 언질을 주고 집에 직원을 들였다.

쓰레기 집에 발을 들인 그들의 심경은 알 수 없었지만, 직업상 이런 집에 익숙한 것인지…,

"가스레인지 주변에는 최대한 물건을 두지 않도록 하세요."

"계단에 쌓인 것도 위험하니 바로 치워주세요."

"침대에서 화장실까지의 동선은 특히 주의하는 게 좋으니, 바닥에 둔 것은 가능하면 수납장 안에 넣는 게 좋습니다."

라며 담담히 임무만 수행했다.

나는 걸레를 들고 그들 위를 따라가며,

"아, 죄송합니다. 거기 먼지 많죠. 바로 닦겠습니다."

뭔가를 치울 때마다 피어오르는 먼지를 걸레로 닦아냈다.

다만 그 먼지의 양이 보통이 아니다. 과장이 아니라 10년, 20년, 아니 그 이상의 세월에 걸친 것일지도 모른다는 생각이 들 정도로 집 안이 먼지투성이였다.

쓸데없는 것은 사지 않고, 갖고 있지 않고, 늘리지 않는다. 단순하고 깔끔한 생활을 추구하는 나한테 이모 집 정리는 고통일 뿐이었다.

이 집에 발을 들일 때마다 짜증이 혐오감으로 변해간다. 그리고 내 안의 악마가 '이런 집은 차라리 불이라도 나서 다 타버리면 좋을 텐데'라며 얼굴을 쓱 드러낸다.

예전에 읽었던 소설에서 무서울 정도로 비위생적인 주거 환경에서 기이한 생활을 이어가는 노파가 나왔는데, 이모가 딱 그 인물 그 자체였다. 이대로 그녀와 계속 얽히고 있다가는 내 마음까지 험악해지지 않을까….

이모 집을 방문한 날은 두려움을 동반한 위기감 때문에 일이 전혀 손에 잡히지 않게 된다.

왜 20만 엔밖에 인출이 안 될까?

75세 이상의 후기 고령자는 ATM에서 하루 입출금액 상한이 20만 엔으로 설정되어 있다는 사실을 알고 있는가?

보이스 피싱 등의 피해로부터 노인들을 보호하기 위한 대책이지만, 요양원 입소비나 입원비 지불 등 은행 창구에 갈 수 없는 본인 대신 그 이상의 금액을 인출해야 하는 입장에서는 불편하기 짝이 없다.

이모부가 머무는 시설에서 첫 번째 청구서가 도착한 날, '다음부터는 입금하는 것으로 하고, 이번만 인사라도 할 겸 직접 돈을 내러 가자'라며 근처 ATM으로 갔지만 '상한액 초과'라는 표시가 뜨는 바람에 인출할 수 없었다.

이게 어떻게 된 일이지…?

당황하면서도 일단 최대 금액인 20만 엔만 출금해서 차로 돌아갔다.

"이모부 계좌에서 돈을 빼려고 했는데, 상한액 초과라는 표시가 뜨지 뭐야…."

오빠한테 전화하자,

"고령자는 하루 출금 상한액인 20만 엔으로 정해져 있어."

라는 대답이 돌아왔다.

아하, 그런 거였구나.

그날은 내 계좌에서 나머지를 인출해서 예정대로 시설로 향했다.

이튿날 내가 대신 치른 금액을 채워 넣긴 했지만, 그 짓을 매번 해야 한다면 엄청난 부담이 될 수밖에 없다.

어떻게든 해결해야 해!

임의 후견인 공정증서를 제시하며 은행 창구에서 사정을 설명하자, 본인 위임장이 있으면 20만 엔 상한액 설정을 해제할 수 있단다. 쇠는 뜨거울 때 치라고, 서둘러 시설로 가서 이모부의 사인을 받아 은행으로 되돌아왔다.

이제 다 끝났다 싶었는데,

"직접 본인께 확인해도 될까요?"

은행에서는 다시금 확인 절차를 따진다.

금융 기관으로서는 당연히 해야 할 일이겠지만, 노인 돌봄으로 바쁜 입장에서 이런 처리에 걸리는 시간이 누적되면 큰 부담이다.

"이모부가 전화 통화로 얼마나 이해하실 수 있을지 모르겠지만"이라며 내가 상황 설명을 하고, 그 자리에서 바로 은행 측이 요양시설에 전화하도록 했다.

전화로 시설장을 통해 이모부가 그 시설에서 생활한다는 것, 치매로 인해 전화 통화는 어렵다는 것, 그리고 오빠와 내가 보증인임을 확인했다며 은행에서는 하루 출금액 및 입금액 상한 20만 엔을 해제해 주었다.

치매 증상 악화로 자기 이름도 제대로 쓰지 못하게 된 아버지의 요양원 입소비 지불을 위해 정기 예금을 해약하려 했으나, 은행에서 본인이 창구에 안 오면 해약 못 한다는 말을 듣고 당황했다는 사람의 이야기를 들은 적이 있다.

본인이 아니면 예금을 인출할 수 없다. 그게 원칙이라는 건 충분히 이해하지만, 요양원에 머무는 기간이 길어질수록 그 비용은 누가 부담할 것인지는 돌봄 생활이 위협받을 정도로 큰 문제다.

돌봄 받을 사람의 예금이 얼마나 되는지 미리 알아두고, 필요한 상황에 본인 대신 돈을 인출하거나 입금하도록 해두는 등, 사전에 손을 써두지 않으면 자칫 때를 놓치고 곤란해지기 쉽다.

이전에 나는 입원 병원의 직원을 대동하고서 휠체어를 타고 신용금고 창구에 돈을 찾으러 온 할머니의 모습을 본 적이 있었는데, 본인 확인을 위한 보험증이 안 보였는지,

"늘 지갑에 넣으시더니 어디에 두셨어요?"

라고 병원 직원이 물으며 할머니의 가방 속을 이리저리 뒤적였다.

안 그래도 일손이 부족한 요양원과 병원 현장. 두 번이나 은행을 오가는 수고를 피하고 싶은 병원 직원, 그리고 본인 확인 없이는 돈 인출을 허락할 수 없다는 금융 기관. 양쪽 모두 대응에 고생하고 있었다.

노인을 돌보는 데 있어 돈 문제는 떼려야 뗄 수가 없다.

치매가 심해져서 본인에게 의사 확인을 할 수 없거나 사인도 할 수 없는 등, 앞으로 일어날 수 있는 여러 상황을 상정해서 미리 할 일을 해두지 않으면 고생하는 건 돌봄을 받는 쪽이 아니라 돌보는 쪽이 된다.

저는 당신 전용 도우미가 아니에요

 필요한 물품을 사고, 병원을 따라가고, 각종 절차를 밟는 등….

 그 무엇을 해도 내 용건을 처리할 때보다 두세 배의 시간이 걸리니 그 수고는 물론이요, 정신적 스트레스 수준은 격무에 시달리는 회사원 시절이 차라리 나았던 것 같다.

 이모의 퇴원일이 결정되자 일주일분의 식료품을 사서 이모 집 냉장고에 넣고, 퇴원할 때 입을 옷을 위아래로 모두 갖춰 전날까지 병원에 전달해 뒀다. 퇴원 당일은 지정된 시각에 병원에 가서 병원비 등의 각종 절차를 마치고, 이모가 입원한 병동으로 향했다.

 신세를 졌던 병원 직원들에게 인사한 후 빨랫거리가 든 큰 가방을 메고서 이모 집으로 모시고 돌아왔다고 해서 끝이 나는 건 아니고, 아직도 할 일이 잔뜩 있다.

병원에서 가지고 온 빨랫감을 세탁기에 넣고, 석유난로 대신 새로 사둔 오일 히터 사용법과 햇살이 잘 드는 곳에 실내 빨래 건조대를 설치한 것을 이모에게 설명한 다음, 새로 넣어둔 냉장고 속 음식을 확인하게 했는데….

아마 이모는 자신이 입원하고 퇴원하는 사이 내가 얼마나 시간을 들였는지까지는 생각이 미치지 않는 모양이다.

"갑자기 그렇게 여러 가지로 말하면 내가 어떻게 알아듣니?"라며 언짢아했다.

두 달 만에 집으로 막 돌아온 89세 노인이 머리도, 몸도 마음대로 따라 주지 않는다는 건 이해하지만, 나도 놀고먹고 사는 몸이 아니다. 빨리 용건을 끝마치고 내 일을 하러 가고 싶었다.

물론 이모도 악의가 있어서 그런 건 아니겠지만…,

"이 식빵은 여섯 장으로 잘렸구나. 난 늘 여덟 장으로 잘린 거 사는데."

"우리 집은 이런 부드러운 두부 말고, 더 단단한 거 산다."

라는 소리를 태연하게 해댔다.

어휴…. 아무리 그래도 너무 심한 거 아닌가? 시키지 않아도 신경 써서 음식까지 다 사다 뒀는데 어떻게 그런 말을 할 수 있는가.

  분노를 동반한 짜증이 배 저 안쪽에서부터 치밀어 오른다.

  그뿐만이 아니다.

  입원 전부터 "전화에 잡음이 끼여서 잘 안 들려"라고 하길래, 이모 입원 중에 전화 회사에 연락해 수리를 부탁하고 수리하는 모습도 다 지켜봤으니 이제 문제 해결도 다 됐다는 걸 말해줬음에도, 거기에 쓴 내 노력은 뭐라고 생각했는지 "아아, 전화 고쳐졌네"라는 말로 끝이었다.

  "한번 내 휴대전화에 전화 걸어봐요."

  번호가 적힌 메모를 건네도,

  "전화번호가 너무 길어서 못 걸겠어."

  라고 아예 시도조차 안 한다.

  "그런 말 하면 안 되죠. 이모부도 요양원 생활 중이니까 앞으로는 뭐든 이모 혼자 직접 해야 해요."

  라고 내가 타일렀지만,

  "오늘은 힘드니까 이제 그만 좀 해."

  라며 이모는 입을 비죽였다.

  그런데도 할 일을 마친 내가 집에 가려고 하자 이모는,

  "벌써 가려고? 천천히 차라도 마시고 가지 그러니"라며 붙들려 한다.

나한테는 나의 생활이 있고, 시간이 남아도는 것도 아니다.

그 후에도 이모는 "이제 압박골절 부분은 다 나았으니 조심하면서 자기 일을 스스로 하시면 됩니다"라고 의사의 완치 판정을 받았음에도, "나 혼자서 할 자신이 없구나"라며 뭐든 내가 도와주길 바랐다.

"무슨 문제 있으면 전화해요."

그렇게 몇 번이고 일렀는데도,

'전화번호가 너무 길어서 못 걸겠다'라는 이유로 이모로부터 전화가 걸려 온 적은 한 번도 없었다.

그냥 확 내버려두고 싶은 마음이었지만, 그러다가 고독사라도 하면 더 골치가 아파진다.

주 2회의 데이 서비스를 재개하는 처리를 해놓고, 데이 서비스가 없는 날에 일하다가 짬을 내어 상태를 보러 가니,

"우유가 다 떨어져서 큰일이야"라며 이모는 불만을 터트렸다.

외딴섬에 혼자 사는 거라면 모를까, 이모네는 집 다섯 채만 지나면 바로 편의점이 나온다.

그렇다고 내가 "우유는 근처의 편의점에서 사 오면 되잖아요"라고 따지면,

"편의점은 슈퍼보다 비싸단 말이야" 하고 투덜거린다.

겨우 몇십 엔을 위해 이동해야 하는 내 입장도 생각해 주면 좋겠다.

"그럼 오늘 시장 보러 가면 돼요? 우유 말고 사야 할 거 또 있어요?"

내가 치미는 짜증을 누르고 묻자,

"난 아무 때나 돼. 네 시간에 맞추마" "가봐야 알지"하고 이모는 자기 뜻을 명확히 하지 않는다.

겉으로 보기에는 배려하는 것 같지만, 모든 일을 남에게 떠넘기는 것만큼 이기적이고 무책임한 일도 없다. 시도 때도 없이 툭 하면 이런 일로 불려 나오는데 성질이 안 나는 사람이 어디 있을까. 적어도 나는 짜증이 나고, 무슨 노래 가사처럼 '네 맘대로 해라!'라며 빽 소리라도 치고 싶다.

'모르겠다' '해본 적 없다' '결정 못 하겠다'를 연발하는 이모, 그리고 '내가 하는 일에 일일이 참견하지 마!'라며 뭐든 주도권을 잡으려 드는 우리 어머니. 양쪽 모두 아무리 말해도 태도는 변함없고, 말해봤자 소용없다는 건 잘 안다.

그렇다고 해서 꼭 모든 것을 인정하고 넓은 마음으로 받아들여야 하는 걸까.

옛날 유럽이었던 것 같은데 '죄인에게 구멍을 파게 하고 그걸 간수가 메운 다음, 또 그걸 파게 하고 땅을 메우기'라는 형벌을 끝도 없이 시킨다는 이야기를 들은 적이 있다.

  도통 말이 통하지 않는 우리 부모님과 이모를 대하는 사이, 나는 내가 그런 형벌을 받는 듯한 허무하기 이를 데 없는 기분이 든다.

이모와의 장보기는 고통 그 자체

겨우 시장 보는 것이 이렇게나 고통스러울 수가….

같은 부모에게서 태어나 같은 환경에서 자랐음에도 낭비벽에, 대식가에, 손에 쥐는 것은 뭐든 사고 보는 어머니와 값싼 것만 사려고 하는 이모는 쇼핑 습관까지도 정반대였고, 둘 다 나와는 전혀 다른 것이었다.

인간은 그가 선택한 것으로 이루어진다.

나는 늘 그렇게 생각한다.

먹는 것, 입는 것, 가는 장소, 사귀는 사람은 물론이요, 무엇을 읽고 어떤 음악을 듣고, 어떤 영화와 연극을 봤는지…. 인간이 자기 의지에 기초하여 뭔가를 선택하는 행위와 선택한 문화는 그를 형성하고, 그의 삶과 사고방식에 큰 영향을 미친다.

U턴 이주를 한 후에 오랜만에 만난 이모의 꼴이 할 말을 잃을 정도로 초라하게 변한 것도 놀랄 만한 일이긴 했다. 그런데 처음으로 이모와 함께 시장을 보러 갔을 때, 이모가 떨이 물건이 담긴 왜건에 얼굴을 처박는 자세로 채소와 과일을 뒤지는 그 모습을 보고, 나는 순간적으로 그 자리를 떠나버릴 정도로 큰 충격을 받았다.

떨이 물건 사는 걸 부정하려는 게 아니다. 영업 종료 직전에 반값 할인하는 반찬을 사는 일은 누구나 하는 일이고, 한창 잘 먹는 아이들이 많은 대가족이라면 식재료는 싼 게 최고니 말이다.

그러나 이모의 경우, 오히려 위화감부터 들었다.

청빈하거나 근검절약과는 달랐다. 초라하기 이를 데 없다고 해야 할까. 그 행동거지에 한심할 정도의 궁상맞은 느낌이 배어 있었기 때문이다.

그 후에도 좀 떨어진 곳에서 모습을 보니, 이모는 정육이나 생선 등 선반에 진열된 상품을 하나부터 열까지 일일이 뒤집어엎듯 살피고, 그걸 들었다가 내려놓기를 반복하더니 그중에서 가장 싼 것을 골라 바구니에 넣었다.

그러다가 더 싼 것을 찾으면 바로 그쪽으로 손이 가면서 이미 장바구니에 넣은 것을 다시 선반에 되돌려놓는 행동을 반복했다.

"히사코랑 시장 보러 가면 내가 다 부끄럽다니까."

전에 어머니가 했던 말이 갑자기 머릿속에 떠올랐다.

병원에서 검진을 마친 이모가 "내일 아침에 먹을 우유가 모자랄 것 같아"라고 하길래 지나가는 길에 있는 편의점에 들리려 하자 "편의점 건 비싸다니까"라며 거부했다.

"하지만 없으면 안 되잖아요."

"응, 근데 굳이 편의점 우유를 안 사도, 다음에 네가 슈퍼 간 김에 사 오면 되니까"라는 이모….

결국 그 몇십 엔 더 싼 우유를 슈퍼에서 산 나는 그걸 이모 집까지 가져다줘야 하는 꼴. 이모 머릿속에는 그 일을 위해 쓴 내 시간과 노력은 완전히 제외되어 있다.

자기가 직접 사러 간다면 모를까, 남을 수고스럽게까지 해가면서 몇십 엔 더 싼 것을 고집하는 이유를 나는 전혀 이해할 수가 없다.

이모와 함께 다니다 보면 기운이 다 빨리는 듯, 의욕이 깎여 나가는 듯, 바닥까지 축축 처지는 듯한…, 인간으로서의 긍지를 포기한 사람의 말로를 보는 듯한 기분이 든다.

지금까지 나와 맞지 않는 상사나 직장 동료도 있었고, 귀찮지만 어쩔 수 없이 어울려야 하는 거래처나 업무 관계자도 있었다. 다만, 그런 사람들과 지내면서 생기는 스트레스와 이모랑 나 사이에 발생하는 그것은 전혀 종류가 달랐다.

형제자매가 많은 우리 어머니와 이모한테는 나 말고도 조카들(나의 사촌들)이 많다. 그러나 그들은 이모 집을 방문하는 일도 없고 그리 신경 쓰는 기색도 없다. 만약 내가 이모 돌보길 그만둔다고 해도 누구도 나를 책망하지는 않을 것이다.

하물며 친언니인 우리 어머니도 "넌 히사코만 챙기고 난 안중에도 없지?"라고 해서, 나는 들을 이유도 없는 말까지 듣는 판국이다. 이렇게 이모를 계속 돌보다가는 내 인내심의 끈이 뚝 끊어질지도 모른다.

"히사코 이모도 사다키치 이모부처럼 요양원에 들어가시면 좋겠는데."

오빠 부부와도 종종 그런 이야기를 나눈다.

다만… 요개호 1이라고 인정받은 이모부와는 달리 최저한의 집안일은 스스로 할 수 있다며 입만 살아 있는 이모의 경우, 개호 등급 변경 신청을 해도 '자립 생활 가능'이라고 판단이 내려져 요지원 2에 해당하고 말 것이 분명하다.

노인 요양시설 입소 조건은 시설에 따라 다르지만 대개 요개호 이상을 요구하는 곳이 많고, 고급 노인 요양원이라고 하는 곳 이외에는 그리 쉽게 입소할 수도 없다.

이모와 나를 잇는 삼촌 간이라는 귀찮은 혈연관계에서 벗어날 날은 대체 언제가 될 것인가….

그날을 손꼽아 기다리더라도 벌은 받지 않을 것이다.

그 정도는 알아서 생각하라고요

홀로 생활하게 된 이모를 정기적으로 만나러 가면, 꼭 이모는 "편지 왔어"라고 말한다.

내가 2, 3일 정도 얼굴을 비추지 않으면 이모는 오빠네 집 전화로 편지가 왔다는 연락을 한다. 열한 자리나 되는 휴대전화 번호로는 전화를 못 걸지만, 시내의 고정 전화는 여섯 자리니까 전화를 걸 수 있는 모양이다.

내용을 이해할 수 있는지는 둘째 치고, 이모한테는 아예 이해하려는 마음가짐 자체가 전혀 없다.

"이건 2주일 전에 병원에서 입원 증명서를 받아서 그 후에 우체국에 갔잖아요? 그때 신청한 입원 보험금이 이번 달 말에 입금된다는 안내문이에요."

입원 보험금 입금에 대해 내가 설명했지만,

"그렇구나…"라며 이모의 반응이 영 시원찮다.

솔직히 생색을 내려는 건 아니지만, 이모의 퇴원일이 결정되자마자 바로 우체국에 가서 보험 신청에 필요한 서류를 받아온 것도, 병원에서 입원 증명서 발행을 신청한 것도, 나중에 발급된 증명서를 병원 창구로 받으러 간 것도 전부 나다.

그 후에 이모를 우체국으로 데리고 간 것까지는 좋았으나, "이 서류에 골절됐을 때의 상황을 최대한 상세히 적어주세요"라는 요청에 "나는 몰라. 네가 해"라며 한마디로 정리해 버리는 이모를 대신해서 내가 세부 내용을 적고 신청을 마친 게 바로 2주일 전 일이다.

그뿐만이 아니다. 한 달에 한 번 뼈를 튼튼하게 하는 약과 빈혈 예방약을 처방받기 위해 진료소에 이모를 데리고 가는데….

"다음 주 화요일이면 약 다 떨어지죠? 진료소 예약을 잡아야 하는데 이모 시간 괜찮아요?"

약이 다 떨어지기 일주일 전, 내가 물어보러 찾아가기 전에는 이모 본인이 먼저 알아서 움직이려 하지를 않는다.

내가 고타쓰 위에 놓인 봉지에서 처방전을 꺼내 "이것 보세요. 화요일 것까지밖에 없잖아요"라고 날짜가 적힌 약을 보여줘도 이모는 "그러네"라며 마치 남의 일처럼 군다.

"지난번이랑 같은 약을 처방해 드릴 테니, 또 한 달 뒤에 오세요."

의사로부터 설명을 들었음에도, 그 3일 후만 되면 "요즘 잠이 잘 안 와. 약이 바뀌었나. 전보다 약 알맹이가 더 커진 것 같아"라며 약봉지를 들고 나를 찾아온다.

"의사가 예전이랑 똑같은 약이라고 그랬잖아요. 처방약 수첩을 보면 약도, 먹는 양도 지난번이랑 똑같은 게 보이는데."

내가 처방약 수첩에 끼어 있는 약의 사진을 보여주며 설명해도,

"똑같은 거라고?"

"그러니까, 보시면 알잖아요."

이렇게 나를 짜증 나게 한다.

"그럼 왜 잠이 안 오는 걸까…."

글쎄, 왜일까?

"약이 바뀌어서 잠이 안 오는 것 같아서, 난 의사가 뭐라고 말했는지 너한테 물어보려고 했지."

이보도 같이 들었잖아요.

"사흘이나 제대로 못 잤어."

누구든 그런 날이 있다고요.

갑자기 하던 일을 중단하게 된 데다가 이런 대화만 계속

이어가고 있으니, 나도 도저히 냉정함을 유지할 수가 없다.

"이모만이 아니라 누구든 잠 안 오는 날은 있어요. 자기 전에 따뜻한 우유라도 마시고 몸을 좀 데우고 주무시는 게 어때요?"

이모가 빨리 집에 갈 바라는 마음에 그렇게 제안하자,

"하지만 자기 전에 뭐 마시면 화장실 가고 싶어지잖아."

꼭 이럴 때만 이모는 자기주장을 해댄다.

내 시간은 생각도 안 하고 무작정 찾아오면 집중력이 끊기는 것만이 아니라 짜증이 나서 일도 다시 시작하지 못한다.

이런 사정을 이해하길 바라는 마음에 "무슨 일 있으면 우선 전화부터 해주세요"라고 몇 번이나 말했지만 '휴대전화 번호가 길어서 못 걸겠다'라는 이유로 이렇게 막 찾아오기부터 한다.

이모 집 전화기 옆에는 내 전화번호를 아주 굵은 매직으로 크게 적어 붙여놓았다. 그걸 보며 전화를 걸면 될 것을, 왜 이 사람은 그것조차 못하는 걸까…. 늘 그랬던 일이지만, 난 정말 이해할 수가 없다.

이튿날에는 이모가 "네가 사준 난로가 바로 따뜻해지지 않는데 망가진 것 같아"라며 불쑥 집에 찾아오는 통에 또 하던 일이 중단되고 말았다.

이제까지 석유난로는 등유를 넣어야 해서 힘들기도 하고, 불이 나기 쉽기 때문에 안전한 오일 히터로 바꾸었다는 걸 몇 번이나 설명했다.

"석유난로랑 달리 금방 따듯해지는 건 아니라고 말씀드렸잖아요. 아니면 석유난로로 바꿀 거예요? 다시 그걸 써도 되긴 하지만, 이모가 직접 등유도 넣고 해야 한다고요."

"그건 네 이모부가 한 일이라 난 무서워서 못 해."

"그럼, 전기난로로 할래요? 오일 히터보다는 빨리 데워지지만, 그 대신 전원 끄는 걸 잊지 말아야 하는데."

"난 그런 거 잘 모르는데."

이모와의 대화는 늘 '모른다'로 끝난다.

이모 집에서 넘어지면 코 닿을 곳에 있는 상점가(우리 집까지의 거리보다 가깝다)에는 전파사가 있다. 이모부가 요양시설에 입소하기 전에는 가전제품 종류를 모두 거기서 샀다고 하니, 이모가 마음만 먹으면 거기 가서 자기가 원하는 물건을 사도 될 텐데. 하긴 그게 되는 사람이면 바로 자기가 알아서 다 처리했겠지만….

코로나 시국에 열이라도 나면, 그냥 감기여도 발열 외래에 가야 하고 데이 서비스에도 갈 수 없게 된다. 그렇지 않아도 손이 많이 가는 이모에게 더 이상 시간을 할애하고 싶지 않다.

나는 정신을 차리고 가전제품 판매점으로 차를 몰아 가장 조작하기 쉬운 전기난로를 사서 가져다줬지만, "가르쳐줘야 내가 쓰지"라며 이모는 또 내 성질을 건드리는 말을 아무렇지도 않게 했다.

스위치는 '전원' '450와트' '900와트' 이 세 개밖에 없다.

늘 그랬듯 이모가 뭘 모르겠다는 건지 난 전혀 이해할 수가 없었다.

그 후에도 이모는 '손가락이 빨갛게 부어서 가려운데 어떤 약을 사야 좋을지 모르겠다' '데이 서비스 아가씨가 집에서 체온을 재서 오라는데, 체온계 어떻게 쓰는지 모르겠다' 등등 '모르겠다'를 연발했다.

이러니 누가 다가가려 하겠냐고.

매정하지만, 자꾸만 그런 생각이 들었다.

남녀노소 불구하고 인간관계의 기본은 다 똑같다. 매력이 있으면 사람들이 모이고, 성가신 사람은 소외당한다. 이해가 있고 없고를 떠나서, 어느 한쪽에 부담이 생기면 그 관계는 오래 지속되지 못한다.

나이를 먹으면 먹을수록 어떻게 살아왔는지가 그 얼굴에

무서울 정도로 잘 드러난다.

"편지가 몇 통 왔는데 잘 모르겠어."

그렇게 말하며 우체국과 시청에서 온 우편물을 잔뜩 품고 무작정 와서 내 일을 중단시키는 이모의 비쩍 마르고 험상궂은 얼굴을 볼 때마다, 언제까지 이런 나날이 계속될까 하고 창밖에 눈길을 주며 기나긴 한숨을 내쉰다.

노부모 돌봄이라는
세상에서 가장
힘든 이야기

사흘에 한 번은 부모님을 모시고 병원으로

나이 많은 노인들로 넘쳐나는 병원 대기실에 발을 들일 때마다, 이 사람들은 정말로 치료가 필요한 것일까…, 하는 의문이 생긴다.

내가 보기에는 후기 고령자의 의료비 자기부담 비율이 원칙상 10퍼센트(2022년 가을 이후, 연금 수입과 그 외 합계 소득 금액에 따라 20, 30퍼센트로 자기 부담 비율이 올라간 사람도 있다)라는 점도 원인이 아닐까 싶은데, 우리 부모님 역시 툭 하면 이유를 갖다 붙여 병원에 가려고 한다.

거의 일상화된 것이 바로 매주 토요일에 가는 정형외과와 한 달에 한 번 가는 종합병원이다. 거기에 아버지, 어머니 따로따로 안과에, 그리고 어머니 치과에 가는 게 각각 한 달에 한 번. 이것만으로도 한 달에 최소 여덟 번은 병원에 따라가야 하는 일이 발생한다.

그것 말고도 '참마를 먹었더니 배 주변이 가려워 죽겠다'라며 어머니가 난리를 피우는가 하면, '허리가 아파서 어제는 한숨도 못 잤다'라며 아버지가 크게 고함을 치는 등, 빈번하게 출동 요청이 터진다.

특히 어머니는 대체 왜 그러나 궁금할 정도로 병원을 좋아한다. 그리고 '별일 아닌 것 같으니까 참아라'라고 하면 '내가 이렇게 아픈데, 넌 매정한 딸이다'라며 머리칼을 풀어헤치며 따지고 든다.

아버지는 아버지대로 내가 일을 중단하면서까지 병원에 모시고 갔는데도 병원 앞에 서면 "이제 다 나았으니까 돌아가자"라는 말을 하지를 않나, "역시 오지 말 걸 그랬네"라며 대기실에서 투덜거릴 때도 있다.

"아버지가 아파서 못 참겠다고 해서 온 거잖아요. 돌아갈 거면 걸어서 가세요!"

차 안에서 내가 참지 못하고 폭발한 적이 한두 번이 아니다.

이뿐만이 아니라 이모부가 입소한 곳은 거주형 고령자용 시설이지 병원은 아니어서, 한 달에 한 번은 진료소에 모시고 가야 한다. 이모도 뼈를 튼튼하게 하는 약과 빈혈 예방약을 처방받기 위해 병원에 간다.

네 분을 모시는 병원행은 적어도 한 달에 열흘. 예약까지 해도 병원에서의 대기 시간은 평균 한 시간. 진찰 후에는 처방전을 가지고 약국으로 가서, 거기서 또 30분 정도 기다려야 한다.

한마디로 사흘에 한 번은 그들의 병원행에 따라가서 반나절이나 시간을 쓰게 된다는 계산이 나온다.

집 근처 슈퍼마켓 입구에 '구급차는 택시가 아닙니다'라고 적힌 포스터가 붙은 걸 볼 때마다, 사람들의 주의 환기를 촉구해야 할 정도로 병원에 대한 의존도가 높은 건가 싶어 쓴웃음을 흘리곤 한다.

게다가 병원 대기실에서 짜증스럽게 시계만 보는 내 심정은 알 바 아닌가 보다. 마치 입에서 태어난 것이 아닐까 싶을 정도로 떠들기 좋아하는 어머니와 이모는 (그래도 코로나 팬데믹인 지금은 자제하지만) 대기실에서 바로 옆에 있는 사람을 붙들고 잡담에 열중한다.

"아아…, 할머니는 M 마을에서 왔다고? 내가 여학교 다닐 때 동급생이 M 마을에 살았는데, 혹시 아나 몰라. 나카무라라고 하는데. 아마… 술장수 딸이었던 것 같은데."

"그 동네에는 나카무라라는 성이 많으니까."

"맞아, 얼굴도 하얗고 예쁜 애였는데."

어머니가 여학교 다닌 시절이라면 벌써 70년도 훨씬 전의 일이잖아요. 게다가 술장수 딸이라니, 아마 그 사람도 벌써 90세가 넘은 할머니일 텐데. 그보다 살아 있긴 한 건지….

이런 광경을 보고 있자면, 병원 대기실이 나이 많은 노인들의 사교장이 아니냐며 눈살을 찌푸리는 사람들의 심정이 이해된다.

"요즘 스즈키 씨 모습이 통 안 보이는데, 어디 몸이라도 안 좋나." 이런 대화가 당연하다는 듯 펼쳐지는 병원 대기실. 통원을 즐기는 당사자들은 그 말이 블랙 조크에 해당한다는 사실을 알기나 할까.

"아이고, 오랜만이야. 잘 지냈어?"

정형외과 대기실에서 어머니가 잘 아는 듯한 할머니한테 말을 걸었다.

"잘 지내면 여기 오겠수?"

그렇게 대답한 할머니를 향해,

'그 말이 옳소!'

나는 속으로 갈채를 보냈다.

최근 몇 년 동안 매년 하는 건강검진 외에 병원에 가지 않는 나는, 거실 고타쓰 위에 잔뜩 쌓인 부모님의 약을 볼 때마다 '그래, 당신들 부담은 겨우 10퍼센트니까'라고 독설을 퍼붓고 싶어진다.

늙어서는 자식의 말을 따르는 게 좋다

90세가 되어도 여전히 인정 욕구로 똘똘 뭉친 어머니는 자신을 부추기는 사람은 매우 좋아하고, 자기에게 잔소리를 하는 사람(오빠와 나)은 원수처럼 여기고 공격한다.

"우리 딸은 내가 하는 일이 다 마음에 안 드는지 자꾸 참견해서 죽겠다니까. 아들은 꼭 저 혼자 큰 것처럼 굴고 말이야."

창문을 열고 일하다 보면, 정원에서 귀가 먹은 어머니의 큰 목소리가 들려온다.

"고기는 아직 냉장고에 세 팩이나 있고, 썩힌 베이컨은 어제 버렸으니까 오늘은 살 필요 없죠? 빵도, 센베이도 아직 남았고."

매일 쓸데없는 음식을 잔뜩 사서 썩히기만 하는 어머니 때문에, 시장 볼 때는 내가 눈을 부릅뜨고 지켜봐야 한다.

그러나 어머니 입장에서는 그게 마음에 안 드는 모양이다.

"내가 하는 일에 끼어들지 마라."

눈을 치뜨며 나를 째려본다.

오빠는 "말해봤자 소용없고, 말해도 힘만 빠지니까 그냥 내버려둬"라고 하지만, 식재료와 식품 관리를 제대로 못 하는 어머니를 그냥 뒀다가는 우리 집 주방은 유통기한이 지난 음식들로 넘쳐날 것이다.

어제만 해도 곰팡이가 핀 어묵과 햄, 보존 용기에 든 채로 방치된 배추절임을 버렸다. 이런 나의 고생 따위는 알 리도 없겠지.

사흘이 멀다 하고 우리 집에 찾아와서는, 노부모와 함께 거실에 드러누워 텔레비전을 보며 시간을 보내고, 쇼핑을 좋아하는 노모와 함께 대형 슈퍼로 나가는 70대 미혼 친척이 한 명 있다.

"이제 식재료 관리도 잘 못 하시니까, 올 때마다 어머니를 슈퍼에 끌고 가지 마세요, 네? 게다가 차에 타고 내리는 것도 겨우 하시고, 다리도 거의 안 올라가니까, 나갔다가 넘어지기라도 하면 누워서 살아야 한다고요."

내가 참다못해 그렇게 말해도 친척은 "그거야 숙모가 가고 싶다고 하시니까"라거나 "달리 즐길 것도 없으니까 쇼핑 정도는 마음대로 하게 해줘"라는 둥, 내 신경을 긁는 소리를 태연하게 해댄다.

나는 앞으로 부모님이 요양시설에 들어갈 가능성도 있으니 조금이라도 쓸데없는 지출은 삼가고 싶은데, 책임감 없는 사람은 제멋대로 아무 말이나 한다.

게다가 어머니는 "그래도 신이치(가명)는 세심해서 얼마나 좋은지 몰라. 너희랑 다르게 늘 우릴 잘 태워준다니까"라며 크게 고마워한다.

그럴 때마다 나는 '그 사람은 세심한 게 아니라 한가한 거라고요!'라는 짜증이 가슴 저 깊은 곳에서부터 치밀어 오른다.

가게를 운영하는 오빠도, 집필업을 생업으로 삼는 나도 집과 일터가 같은 곳이라고 해서 평일 낮에도 한가한 게 아니다.

그렇지만 나이를 먹으면 그런 부분에 대한 판단력이 흐려지는 모양이다.

늘 내가 일하는 중에 갑자기 지령을 내린다.

"지금 바쁘니까 나중에 해요."

살살 거절하려고 하면,

"너는 한 번을 기분 좋게 데려다준 적이 없어"라며 귀신 같은 얼굴로 되받아친다.

  친부모만 아니었다면 예전에 인연을 끊었을 것이다.

  "나이에 비해 참 정정하시네요."

  라는 말을 자주 듣지만, 그건 입만 살아서 그런 거다. 냄비를 태우기도 하고, 수도꼭지의 물도 계속 틀어놓는 등, 그 행동은 꽤 이상해지고 있다.

  바싹 마른 서풍이 세게 불던 날, 검은 연기와 탄내가 난다는 걸 알아차린 내가 얼른 아래층으로 내려가 보니, 냄비에서 시커먼 연기가 모락모락 피어오르고 있었다.

  또야….

  서둘러 불을 끄고, 다 타버린 냄비를 싱크대 안에 던져넣은 후 수도꼭지를 틀었다.

  대체 이 한 달 사이에 몇 개나 되는 냄비가 망가졌는지.

  마당을 보니 어머니는 지나가던 동네 사람과 느긋하게 수다를 떠는 중이었다.

  "할멈, 이 집에 불이라도 낼 셈이야?"

  마찬가지로 탄내를 맡은 아버지가 정원을 향해 크게 고함을 치지만, 귀가 어두운 어머니는 못 알아차리고 계속 수다를 떨고 있다.

타버린 냄비를 세제로 박박 문지르고 있는데, 냄비를 태운 장본인이 드디어 수다를 마치고 등장했다.

"오늘처럼 바람이 센 날에 불이라도 나면 순식간에 온 동네 불바다야!"

아버지의 분노에 이제야 사태를 알아차렸는지, 어머니의 표정이 잠깐 굳어졌다.

"냄비에서 불길이 치솟았다고요. 다른 건 몰라도 불은 정말 조심해야 한다고 제가 몇 번이나 말했잖아요? 가스레인지 앞을 떠날 때는 꼭 불 끄세요. 잠시 화장실에 가거나 잠깐만 딴 일을 해도 3분 후에는 다 잊어버리잖아요."

타이르듯 말하자,

"네 아버지가 손님이 왔다고 하길래."

어머니는 아버지 탓으로 돌린다.

"남 탓으로 돌리지 마세요!"

내 목소리가 날카로워져서 그런가 보다.

어머니는 "평소엔 잘 끄고 다닌다고"라며 작은 목소리로 중얼거리기만 할 뿐 미안하다는 말은 절대로 안 한다.

이 사람의 사전에는 '사과'라는 단어가 없는 모양이다.

이 정도면 고집이 센 정도가 아니라, 그냥 벽창호다.

"우리 어머니는 자기한테 무슨 말이라도 하면 다 적인 줄 안다니까. 무슨 말을 해도 다 싸우려 드니까 아주 미치겠어."

소꿉친구에게 그렇게 털어놓자,

"3년 전에 돌아가신 우리 시어머니도 그래서, 그 심정 나도 알지."

그녀가 몸을 앞으로 내밀었다.

"시어머님도 그랬어?"

"우리 집 바로 근처에 건강식품을 파는 사람이 있거든. 우리 시어머니한테 자주 찾아와서는 듣기 좋은 말만 떠들면서 은근 물건을 팔아먹으려고 하길래, '그런 비타민제랑 영양 드링크 사서 뭐 하시게요?'라고 물었더니 시어머니가 '내가 내 돈으로 사겠다는데 왜 네 허락을 받아야 하니?'라며 막 발끈하시더라고. 남편보고 좀 말려보라고 해도 듣지도 않으시고. 죽을 때까지 '그 사람은 좋은 사람이다, 좋은 사람이야'라는 말만 했다니까. 그리고 시어머니가 돌아가신 후에 벽장에서 유통기한이 지난 건강식품이 쏟아져 나오더라. 물론 다 버렸지만, 얼마나 속이 터지던지!"

그때 일을 떠올렸는지 친구의 어조가 강해졌다.

"그게 바로 호구라는 거잖아."

"그래, 맞아. 하지만 본인은 고마워 죽겠다잖아. 올 때마다 차를 내오고 아주 웃겼어, 정말."

"아아, 어디든 다 똑같구나."

우리 둘은 마주 보며 쓴웃음을 지었다.

또 다른 친구는 "혼자 사시는 어머니가 어떻게 지내는지 보러 가는데, 가보면 늘 70대 초반 정도 되어 보이는 남자가 집에서 차를 마시고 있는 거야. 그 사람이 없을 때 '저 남자는 누구야?'라고 물었더니 시장 볼 때 차 태워주는 동네 사람이라고 하는 거 있지"라며 눈살을 찌푸렸다.

"동네 사람이라고…?"

"응, 그래서 시장 보러 갈 때마다 그 사람이랑 외식하고 그 돈은 어머니가 낸다지 뭐야."

"뭐?"

"이게 말이 돼? 좀 이상하다 싶어서 '평소에 늘 어머니가 돈을 내요?'라고 물었더니 '그거야 차 태워주니까 그렇지'라며 아주 당연하다는 듯 말하더라고."

도저히 남의 일처럼 여겨지지 않는다.

"그 사람은 뭐 하는 사람인데?"

"나도 잘 모르는데, 아무튼 수상해."

그 친구는 의심스럽다는 표정으로 미간을 좁혔다.

"왜 나이를 먹으면 그런 사람을 고맙게 여기는 거지?"

"내 말이 그 말이야. 내가 아무리 주의를 줘도 어머니는 그 사람을 '좋은 분인데 넌 왜 그렇게 못 잡아먹어서 안달이니?'라잖아."

"얼마 전에 지인과 얘기하는데, 나랑 똑같은 말을 하더라. 그 지인의 시어머니도 자기가 호구가 된 것도 모르고 죽을 때까지 '좋은 사람' 주장을 양보하지 않았다나."

"우리 어머니한테 나는 시끄럽고 귀찮기만 한 존재고, 그 사람은 다정하고 세심한 사람이래. 그 사람이 자기 등을 치는 줄도 모르고 말이야."

"아! 또 여기서도 세심한 사람 얘기가 나오네!"

"응?"

"우리 친척 중에도 있어. 노모가 아주 세심하다며 고마워하는 사람이."

"그렇구나…."

이런 이야기를 들을 때마다 귀 따가운 소리를 하는 사람의 충고에는 귀를 막아버리고, 듣기 좋은 사탕발림이나 하는 사람을 믿고 계약서에 사인하는 사례가 속출하는 이유를 알겠다.

보이스 피싱과는 또 다른 것이지만, 고마워서 소액을 뜯기는 나이 많은 노인들이 이 일본 전국에 얼마나 많을까….

'늙어서는 자식의 말을 따르는 게 좋다'라고 하지 않는가.

나이가 들수록 판단력이 둔해지고, 사고 능력이 떨어지며, 감정을 억제하는 것도 어려워지는 것은 어쩔 수 없는 일이라고 하더라도, 자신의 쇠약함을 인정하고 자식이나 손주들과 잘 지냄으로써 수상한 사람들로부터 자신을 지킬 수 있다면, 그편이 훨씬 낫지 않을까 하는 생각이 든다…. 하지만 이것도 돌보는 쪽의 논리일 뿐일까.

이대로 있다가는 방문 도우미가 소멸한다

  코로나 팬데믹으로 인해 외출과 면회가 금지된 이모부는 연말연시에도 집으로 돌아올 수 없었지만, 시설에서 평온하게 잘 지내는 중이다. 종종 간식이라도 사 들고 가면,
  "식욕도 있고, 밤에도 잘 주무시니까 걱정하실 것 없으세요."
  라고 요양시설 직원으로부터 보고를 받는다.
  한편, 이모는 혼자 지내 외로웠는지, "네 이모부는 언제 돌아온다니?"라고 몇 번이나 묻는다.
  하지만 이모가 골절로 입원했던 병원의 재활치료사한테서도, 상담원한테서도 "히사코 씨는 뭐든 혼자 하실 수 있지만, 치매를 앓는 남편분을 돌보시긴 어려울 거예요"라는 말을 들은 상태다.

세상에서 흔히 말하는 노인이 노인을 돌보는 상황. 계단 많은 낡은 목조 주택에서 실금과 망상 증세를 보이는 이모부를 돌보다가 함께 쓰러질 가능성이 크다.

"진료소 의사 선생님도 그러셨잖아요. 이모부는 당뇨병으로 혈당치가 아주 높으니까, 난방도 잘 안 되는 추운 집에서 한밤중에 화장실 가다가 쓰러지면 정말 큰일 난다고."

내가 그렇게 말해도 이모는 "그래도 혼자 있으면 외로워서"라고 호소한다.

아무리 오랫동안 함께 지낸 부부라고 해도 동시에 세상을 떠나는 건 아니다. 오래 살면 살수록 어느 한쪽이 입원하거나 요양시설에 들어가는 일이 생길 수밖에 없다. 하물며 자립 생활이 어려워졌을 때, 현실을 받아들이고 참거나 타협하지 않으면 도와주는 쪽이 더 힘들 뿐이다.

"일주일에 한 번이라도 방문 도우미를 부르는 게 좋을 것 같으니까, 언제 한번 케어 매니저와 상의해 볼게."

오빠 부부와 그런 이야기를 하자마자, 바로 마이니치 신문(2022년 1월 20일 자)의 11면에 실린 '방문 도우미, 소멸 위기'라는 칼럼에 눈길이 가게 됐다.

도우미 네 명 중 한 명은 65세 이상이며, 유효 구인 배율이

14.92배로 직원 부족 상태에 빠진 사업소가 무려 80퍼센트를 웃돈다고 한다.

고령자의 집에서 청소나 빨래, 장보기 등의 집안일을 맡아 해주는 방문 도우미.

하루에 몇 곳씩 이용자 집을 돌며, 고집 센 노인이나 치매 환자를 응대하는 동시에 단시간 안에 여러 가지 일을 처리해 내야 하니 육체적으로도, 정신적으로도 상당한 부담이 갈 것이다.

그런데도 돌봄 관련 직업 전체의 평균 임금은 전체 직업의 평균보다 6만 엔 이상 낮으니, 이직자가 속출하는 것도 당연하다면 당연하다.

일본의 치매 환자 수는 이미 6백만 명 이상이다. 단카이 세대가 모두 후기 고령자가 되는 2025년에는 7백만 명(고령자의 5분의 1)을 돌파할 것으로 예상된다.

게다가 우리 부모님과 이모 부부처럼 누워서만 지내지는 않아도 여러모로 손이 많이 가게 되는 고령자의 수는 고령 인구수와 거의 비슷하다고 해도 과언이 아닐 것이다.

92세의 아버지, 90세의 어머니와 함께 살기 전까지만 해도 나는 불이 나간 전구나 손전등 건전지를 못 갈고, 에어컨과 텔레비전 리모컨 구별을 못 하고, 자기 힘으로 병원이나 쇼핑을 하러 못 나가게 되는 등, 지금까지 당연히 할 수 있던 일을 늙어가면서 못 하게 되는 현실을 마치 남의 일처럼 여겨왔다.

 그렇지만 지금까지 언급했던 것처럼 매일 못 하는 일이 자꾸만 늘어날 뿐만 아니라 고집도 세지고, 험한 말에 격한 분노 등 문제 행동이 점점 심해지니, 노인 돌봄은 가족애라는 아름다운 이상으로는 절대로 극복할 수 없는 일이다.

 특히 돈 문제가 제일 심각하다.
 예를 들어, 시설 입소비가 대략 1인당 월 20만 엔 정도 든다고 하면, 공적 연금과의 차액은 당연히 자기 부담이다. 만약 공적 연금이 10만 엔이라면, 1년에 120만 엔. 5년이면 6백만 엔. 10년이면 1천2백만 엔이 필요하다는 계산이 나온다. 두 명이면 그 두 배가 된다.
 100세 시대라고 하는 지금, 요양시설 입소 기간도 매년 길어지고 있으니, 평균 수명(남성 81.47세, 여성 87.57세)에서 건강 수명(남성 72.68세, 여성 75.38세)을 뺀 기간에 어떤 지원이나 돌봄이 필요해졌을 때 얼마나 많은 돈이 필요하게 될까. 그 부담은 누가 질 것인가. 부모 자신의 연금이나 저축으로 충당할 수 있을지, 부족한 돈은 얼마나 부담을 해야 하는지 등을 확실히 파악해 놓지 않으면 노인 돌봄으로 인한 파산은 피할 수 없다.

　어느 날, 내 방에서 페이스북의 타임라인을 멍하게 보고 있는데,
　'아버지가 밤낮 가리지 않고 집 안을 돌아다니면서 고함을 친다. 아버지가 밤중에 깨우고, 말도 안 되는 소리를 해도 꿋꿋이 다 받아주는 어머니가 불쌍하다. 아버지의 나쁜 행동이 점점 심해져서 이대로 있다가는 어머니도, 나도 정신이 못 버틸 것 같다'라는 글이 올라온 것이 눈에 들어왔다.
　아마 다들 남의 일이라고 생각하지 못하는 모양이다.
　'가족끼리 문제를 떠안고 있지 말고, 케어 매니저에게 상의해 보세요' '개호 보험료를 내고 있으니 행정 서비스를 이용하세요' 등의 댓글이 끊이질 않았다.
　2022년 9월 18일에 일본 총무성이 발표한 65세 이상의 고령자 인구는 3,627만 명으로, 역대 최다라고 한다. 총인구의 29.1퍼센트를 차지한다.
　1970년의 고령자 인구는 733만 명으로 인구 비율은 7.1퍼센트였으니, 지난 50년 동안 급속하게 고령화가 진행됐다는 뜻이 된다. 또한 75세 이상은 전년보다 72만 명이 증가한

1,937만 명으로, 처음으로 총인구 대비 15퍼센트를 넘었다.

게다가 2025년에는 고령자 다섯 명 중 한 명이 치매 환자가 될 거라고 하니, 상당수의 가정이 치매 노인 돌봄에 고심할 것임을 쉽게 예상할 수 있다.

하지만 걱정해서 좋을 것은 없다.

차를 몰아 당일치기로 집과 가까운 온천으로 가서, 싸늘함 속 노천 목욕탕에 몸을 담그며 하늘을 올려다본다.

내 뜻대로 흘러가는 평온한 생활이 하루라도 빨리 찾아오길… 바라면서.

운전면허증 반납을 둘러싼 대소동

"나한테 노인네나 타는 차를 타라는 거냐!"

"네, 노인이 일으키는 교통사고가 잦다는 뉴스는 아버지도 들어서 아실 거 아니에요."

"그래, 안다."

"마음 같아서는 아예 면허증을 반납하면 좋겠지만, 그게 싫다고 하시니 하다못해 경차로라도 바꾸라는 거예요."

"왜 내가 경차를 타야 하냐고!"

"그러니까! 사람을 치고 나서는 이미 늦는다니까요. 조금이라도 위험을 줄이고 싶은 제 심성을 왜 몰라요!"

"위험이고 뭐고 난 모르겠고. 내가 사람을 칠 리가 없잖아!"

"그걸 어떻게 알아요?"

"지금까지 무사고였으니까."

"지금까지가 문제가 아니라 앞으로를 말하는 거예요. 시력도 떨어지고, 귀도 잘 안 들리고, 다리랑 허리가 약해져서 순발력이 부족하잖아요. 지금까지는 사고가 없었지만, 앞으로는 생길지도 모른다고요."

일본 전국에서 이런 대화가 벌어지고 있음은 상상하기 그리 어렵지 않다.

고도 경제 성장기에 '큰 것이야말로 좋은 것이다'라는 전제를 깔고 살아온 나이 든 부모 세대.

"이 근방에서는 내가 제일 큰 차(고급 차)를 타고 다녔어. 이제 와서 경차라니 그걸 어떻게 타란 말이냐!"

그렇게 주장하는 본가의 아버지와 싸우느라 지쳤다며 친구가 머리를 싸매고 있었다.

"노인이 교통사고를 냈다는 뉴스를 들을 때마다 등골이 오싹해. 만약 사고가 생기면, 딸이 곁에 있으면서 왜 늙은 아버지한테 운전을 시켰냐는 말을 들을 거 아냐."

"하긴 그렇지. 그렇다고 해서 남의 말을 들을 분들도 아니고."

"맞아. 뭐라고 하면 더더욱 고집만 피우고. 그러니 나이 여든이 되면 운전면허증 반납이 아니라 아예 운전을 못 하는 나라로 만들면 좋겠다니까. 안 그러면 우리 아버지 같은 고집쟁이는 죽을 때까지 운전하려 할 거야."

"그러게…."

우리 둘 다 동시에 고개를 크게 끄덕였다.

도쿄에서 치바현 구석에 있는 도시로 이주한 후 놀란 것 중 하나가 바로 수많은 노인의 모습이었다. 병원 대기실에서도, 아침에 막 문을 연 슈퍼마켓에서도, 자전거를 타는 사람도…, 초중고생보다 노인의 수가 훨씬 더 많다.

뒤를 돌아보지도 않고 자전거를 타며 도로를 가로지르는 고령자는 끝이지를 않는다.

"시골에서는 길에서 아이가 튀어나오는 것보다 노인이 튀어나오는 걸 더 주의하세요!"

장롱 면허인 내가 운전 강습을 받던 중, 자동차 교습소 선생님이 귀가 따가울 정도로 해댔던 말이다.

걷는 것도 마음대로 되지 않는 노인이 운전하는 자동차가 좌우 확인도 제대로 안 하고 도로에서 불쑥 튀어나오는 일이 있는가 하면, 직진 우선의 교차로에서 막무가내로 우회전을 하는 일도 있다.

어느 날 부모님을 모시고 간 정형외과 주차장에서 급발진한 차에 깜짝 놀랐는데, 그 차 운전자의 모습이 보이지 않았다.

"지금 차에 운전자가 있었나?"

절로 중얼거린 나한테 아버지가 병원 외교로 얻은 지식을 선보였다.

"아, 저 차 운전자는 무릎이랑 허리가 시원치 않다면서 매일 전기 치료를 받으러 오는 허리 굽은 89세 영감이야. 얼마 전에 운전석에 앉으면 앞이 잘 안 보인다고 하더구나."

서, 설마… 무릎과 허리가 아파서 매일 정형외과를 다니면서, 운전석에 앉으면 앞이 잘 안 보일 정도로 허리가 굽었으면서 차를 운전한다는 거야?

머릿속에서 엄청난 기세로 물음표가 소용돌이친다.

버스나 전철 등 공공 교통이 연이어 폐지되고 있는 지방 도시. 물건을 사거나 병원을 가는 일 등에 차가 없으면 생활할 수 없다는 건 이해하지만, 그렇다고 사고라도 일으키면 정말로 돌이킬 수 없는 사태가 벌어진다.

오랫동안 차가 있는 생활을 만끽한 단카이 세대가 모두 후기 고령자가 되는 2025년 이후부터는 도시 곳곳에 고령자 마크를 단 차량이 넘쳐날 건 불 보듯 뻔하다.

자율주행차의 개발이 빠르게 진행된다고는 하지만, 그런

최첨단 차가 노인 운전자의 손에 들어갈 때까지는 아마 상당한 시간이 소요될 것이다.

오기로라도 절대로 면허증 반납을 안 하겠다고 고집을 피우는 부모님을 모시는 가족에게도, 차가 없으면 생활할 수 없는 곳에 사는 노인에게도, 나 자신이 75세 이상의 후기 고령자가 됐을 때를 생각해 봐도, 일단 한 번 사고를 내면 사람 목숨에 직결되는 일이니 노인 운전자 문제는 결코 남의 일로 끝날 것이 아님은 분명하다.

"차 옆구리가 푹 들어가 있길래 블랙박스를 확인해 봤거든. 그랬더니 골목길을 나서다가 경차와 부딪쳤지 뭐야. 근데 저쪽 운전자는 할머니였던 거야. 아버지한테 차 접촉 사고 냈느냐고 물어도 안 그랬다고 막 시치미를 떼잖아. 그래서 이거 위험하겠다 싶어서 차 키를 내가 가지고 와버렸어. 사람을 치기라도 하면 어쩌냐고 하면서."

이 얘기를 해준 친구는 접촉 사고를 계기로 본가에 계신 아버지 차를 강제로 폐차시켰단다. 그리고 그 아버지 역시 분이 풀리지 않았는지….

"네가 뭔데!"

거의 매일 전화를 걸어서 자식에게 마구 버럭버럭 화를 낸다고 하니, 이렇게 노인의 운전면허증 반납이 얼마나 골치 아픈 문제인지 알 수 있을 것이다.

그렇지만 노인에게 그런 논리는 통하지 않는다.

게다가, 이런 생활이 언제까지 계속될지 아예 끝이 보이지도 않는다.

늙으신 부모님 수명이 다하는 게 먼저인지, 돌보는 쪽의 기력이 다하는 게 먼저인지, 아니면 저축한 돈이 바닥을 드러내는 게 먼저인지….

두려움을 동반한 불안한 나날에 시달리는 노인 돌봄 보호자의 심정은 실제로 그 입장이 되어보지 않으면 알 수 없으리라.

늙으신 아버지,
마침내 종이 기저귀를 못 벗게 되다

90세가 넘어도 매일 목욕만큼은 빼먹지 않는 우리 아버지. 추위 때문인지, 마침내 "힘들어서 목욕 안 할 거다"라고 말하기 시작했다.

그렇지만 워낙 신경질적이고 꼼꼼한 분. 가려움을 견디지 못하고 결국 '목욕하러 가련다'라는 말을 하는 것도 시간문제라며 나는 여유를 부렸다.

"벌써 2주일이나 목욕 안 했는데 이제 좀 씻으세요, 네?"

비교적 따뜻한 날 오후, 나는 아버지 몸 상태가 좋아 보이는 시간대를 봐서 제안했지만, "힘드니까 안 할 거야"라며 아버지는 완강하게 목욕을 거부했다.

"가렵지 않아요?"

"안 가려워."

"물에 몸 담그면 개운해질 텐데."

"안 할 거라니까."

기력 저하가 단번에 심해진 모양이다.

그뿐만이 아니라 내가 저녁 준비를 하려는데,

"좋은 아침."

아버지는 그런 엉뚱한 소리까지 했다.

"뭐가 좋은 아침이라는 거예요? 지금 저녁 7시인데. 아침 아니에요."

"아, 그래? 아침이 아니구나. 요즘은 아침인지 밤인지 통 알 수가 없네."

그러더니 아버지는 흐릿한 눈으로 멍하게 어딘가를 바라봤다.

평소처럼 대화가 제대로 통하는 날이 있는가 하면, 무슨 말을 해도 "모르겠다"라며 아버지 머리가 잘 안 돌아가는 날도 있다. 대여한 간병 침대에 아버지가 누워 있는 시간도 점점 길어지고 있었다.

이제 얼마 안 남은 것일지도 모른다는 생각을 하면 다소 고집부리는 것도 어쩔 수 없겠지만…. 어르고 달래서 목욕시키고 종이 기저귀 처리까지 해야 하는 내 입장에서는 그

제멋대로 고집 때문에 인내심의 한계를 느낄 때도 있다.

"언제 쌀지 몰라서 이제 참아낼 자신이 없구나."

라고 아버지가 먼저 종이 기저귀를 입겠다고 말한 것까지는 좋았지만,

"실수해 버렸어."

항문 근육이 느슨해진 탓인지, 변의를 느끼고 화장실로 가는 약 스무 걸음 사이에 변을 보게 되는 일도 있다.

식사 중에 아버지가 "큰 게 나왔어"라는 말이라도 하면, 아이고! 식사를 중단하고라도 얼른 옷을 갈아입히지 않으면 냄새가 나서 견딜 수가 없다.

"그럼 어서 옷 갈아입어요."

내가 갈아입을 옷 준비를 시작하면,

"그냥 있으련다."

라며 아버지는 꼭 저항부터 한다.

"그럴 수는 없다고요."

"이제 말랐으니까 됐어."

최근 종이 기저귀는 참으로 성능이 좋아서, 한두 번의 실금은 다 흡수해 버린다. 그래서 정작 당사자는 찝찝함을 느끼지 않는 듯하다.

"되긴 뭐가요. 마르면 냄새나요."

"냄새 안 나."

"난다니까요."

처음에는 살살 달래지만, 너무 받아주면 막무가내인 모습이 거의 때만 쓰는 두 살 아이 수준이다. 필요할 때는 확실히 엄포를 놓지 않으면, 그 고집은 순식간에 정점에 이른다.

"그럼 직접 기저귀 처리하실 수 있어요?"

"못 해."

"더러워진 잠옷은 빨 수 있어요?"

"내가 그걸 어떻게 하냐."

"그럼 제 말 들으세요."

"싫어."

이런 대화가 한동안 이어지다가,

"제가 일일이 다 챙겨준다고 해서 그렇게 막 나가면 어쩌자는 거예요! 그만 좀 하세요!"

내가 폭발하듯 벌컥 한소리 하면, 아버지도 나를 화나게 하면 안 되겠다 싶은지,

"그럼 옷 갈아입지 뭐."

하고 마지못해 종이 기저귀를 벗는다.

다만 어린아이와 달리, 아버지는 온종일 술이나 마시고 게다가 처방받은 약의 양도 엄청나다 보니 그 기저귀 냄새는 보

통이 아니다. 친딸마저도 얼굴을 와락 구기고 싶은 일을 묵묵히 매일 해나가는 간호사나 간병인의 수고는 얼마나 클지.

그리고 설령 가족 앞에서도 결코 알몸을 드러내지 않던 아버지가,

"자, 오른쪽 다리 드시고. 네, 다음 왼쪽 다리."

새 종이 기저귀를 찰 때까지 중요 부위를 감추려 하지도 않고 무방비하게 기다리기만 하니, 이제 아버지도 수치심이 없어진 건가 하는 마음에 어쩐지 슬퍼진다.

한편으로, 아버지 역시 딸이 종이 기저귀를 채워줄 때까지 살게 될 줄은 상상도 못 했을 거라는 생각도 든다.

봄철 오히간*의 시기에 조부모님 묘를 찾아가 성묘하면서, 비석에 새겨진 날짜를 물끄러미 바라볼 때였다. 우리 아버지에게도 소년 시절이 있었고, 돌아가신 할아버지의 자식일 때가 있었다는 생각이 문득 들었다.

아버지의 아버지(내 할아버지)가 돌아가신 것은 1942년 3월 6일. 당시 1930년에 태어난 아버지는 겨우 초등학교 6학년이었다. 열두 살 생일까지 9일이 남았을 때였다.

---

* 춘분 및 추분날을 중심으로 앞뒤로 3일씩, 총 7일간을 오히간(お彼岸)이라고 한다. 이 시기에는 조상의 묘를 찾아 성묘하는 풍습이 있다.

나한테 아버지는 늘 아버지여서, 지금껏 아버지가 어린아이였을 시절을 떠올린 적은 없었지만…, 묘 앞에서 두 손을 모으고 있자니 빡빡 깎은 머리의 호리호리한 소년이 관 옆에서 이를 꽉 깨물고 있는 모습이 뇌리를 스쳤다.

당시에는 걸리면 죽는다고 하는 암을 앓고, 52세라는 젊은 나이에 세상을 떠나신 할아버지. 16세였던 딸(고모)과 12세의 아들(아버지)을 남기고 가야 했던 할아버지는 암 선고를 받았을 때 무슨 생각을 하고, 어떤 심정으로 마지막을 맞이하며 하늘로 돌아간 것일까.

한 집안의 가장을 잃은 할머니와 고모, 아버지는 그 이후로 어떤 나날을 보냈을까….

그리고 11년 후인 1953년 7월 15일, 할머니까지 할아버지와 같은 병으로 세상을 떠났다.

"어머니를 치바대학 부속병원에 모시고 갔더니, 이미 늦었다고 하더라."

무슨 생각이었는지…, 저녁을 드시던 아버지가 갑자기 그런 말을 중얼거렸을 때가 있었다.

자기 어린 시절 이야기를 좀처럼 하지 않던 아버지였지만, 젊어서 부모님을 잃은 그 인생이 결코 평탄하지는 않았을 것은 분명하다.

"대학에 가고 싶었지만 그럴 돈이 없었어."

아버지가 딱 한 번 그런 말을 하신 적이 있다.

대학 진학률이 아직 낮았던 1930년대생이라고는 하지만, 할아버지가 일찍 돌아가신 바람에 아버지도 포기한 일들이 많았을 것이다.

아버지가 걸어온 인생을 머릿속으로 그리고 있자니, 내가 알고 있는 아버지의 인생은 딸의 시점에서 본 측면에 불과하다는 것을 새삼 깨달았다.

성묘를 마치고 집에 돌아가니,

"야, 너 그것 좀 사 와라."

아버지가 거실에서 소리친다.

"그거라니…? 그거라고만 하면 어떻게 알아요?"

"뭐였더라. 금세 잊어버렸네."

"그래요? 그럼 못 사 오겠네."

늘 이런 대화만 펼쳐지는 부모님과의 생활. 마침내 임종이 가까워지고 있는 것일지도 모르는 아버지와의 시간은 이제 얼마나 남았는시…. 그긴 오직 신만이 알 뿐이다.

노모의 폭주는 멈출 줄 모르고

기력과 체력 모두 단번에 쇠약해져서 멍해지는 일이 많아진 아버지와는 달리, 어머니의 태도는 여전히 천하무적으로 멈출 줄을 모른다.

"네가 히사코 때문에 나갈 때마다 '쟤는 히사코만 죽도록 챙긴다'라며 할멈이 질투하더라."

아버지로부터 그런 말을 몇 번 정도 듣긴 했다. 그런데 어머니가 이모 집에 화를 내며 쳐들어갈 줄은… 누가 상상했을까.

"미쓰요 언니가 아까 히사코 언니 집에 따지러 간 것 같은데…, 너 뭐 들은 거 없니?"

미키코 막내 이모한테서 전화가 걸려 왔다.

"네? 그게 무슨 소리인지…."

"히사코 언니가 울면서 나한테 전화했어. '그렇게 남한테 기대기만 해서 민폐를 끼치면 어떡하느냐!'라면서 미쓰요 언니가 혼을 냈다고 그러던데."

"아아, 네…."

"네가 히사코 언니 일 때문에 자주 나가는 걸 미쓰요 언니가 안 좋게 생각한 모양이야."

"그런 거였군요. 아버지한테도 그런 말 들었어요. '질투한다'라고. 어머니는 뭐든 본인이 우선이 아니면 성미가 안 풀리니까, 제가 히사코 이모 댁에 갈 때마다 자기가 무시당하는 줄 아는 모양이죠. 정말 피해망상이라니까요."

"원래 나이가 들면 자기 생각밖에 안 하는 거란다. 안 그래도 네가 많이 바쁠 텐데, 그런 신경까지 써야 한다니 고생이 많다."

전화 너머로 미키코 이모가 쓴웃음을 짓는 모습이 눈에 선하다.

"이 문제는 제가 상관 안 하고 지금처럼 적절히 잘 대처할 테니까 걱정하지 마세요."

"미안하구나."

"아니에요, 오히려 제가 걱정을 끼쳐드린 것 같아요."

그런 일이 있고 일주일 후,

"그 사람은 내 얼굴을 봐도 인사를 안 해. 정말 상식이 없다니까."

라며 어머니가 어느 동네 사람을 들먹이며 화를 냈다.

"안경 쓰고 마스크까지 하면 잘 아는 사람이라도 몰라볼 때가 있잖아요. 어머니를 그냥 못 알아본 거 아니에요?"

나는 코로나 팬데믹 중에 흔히 있는 일에 대해 한 말인데,

"내 얼굴을 봤는데도 무시했다니까."

어머니는 이마에 핏대까지 세운다.

"그러니까 몰랐을 수도 있다는 거잖아요. 그리고 어머니는 귀가 잘 안 들려서 인사해도 소리를 못 들었을 수도 있고."

그렇게 달랬지만,

"그 사람 상식이 없다는 얘기를 하는데, 왜 내가 너한테 혼까지 나야 하니?"

어머니는 마치 짜증만 내는 어린애같이 굴었다.

이렇게 쇠고집으로만 나오니 무슨 말을 해야 좋을지.

"제가 혼내고 그런 게 아니고, 그 사람이 몰랐을 수도 있다는 얘기잖아요."

그렇게 설득하고 외출했는데, 아니 글쎄, 그 이웃집에 소리를 지르며 찾아갔다고 하니, 이제는 정말 감당할 수가 없다.

"요즘 치매 증상이 심해지는 것 같아요. 정말 죄송합니다."

오빠가 그 집에 바로 사정을 설명해서 문제 수습은 했지만, 최근 어머니의 언동은 고집만 세다는 범주는 이미 한참 전에 넘어가 버린 상태다.

얼마 후 병원으로 한 달에 한 번 진찰을 받으러 갔을 때, 요즘 어머니의 광적인 행동에 대해 주치의에게 슬쩍 귀띔하자,
"그건 치매 증상 중 하나인 피해망상입니다."
역시나 예상대로의 답변이 돌아왔다.
"만약 앞으로 더 심해질 것 같으면 약을 바꿔야 할지도 모르겠네요."
그렇게 좀 더 상태를 지켜보기로 했다.
다만⋯ 어머니는 전보다 더 상황 파악을 못 하고, 지금까지는 주로 나와 오빠에 대해서만 쥐락펴락하려던 기세가 이제 아버지한테 향하게 되었다.
"잠옷 갈아입혀 준다니까 새것 좀 꺼내 와."
내가 아버지 잠옷을 갈아입혀 드리던 중, 아버지가 늘 그랬듯 어머니한테 말했다.
그러자 어머니는 뭐가 그렇게 마음에 안 들었는지⋯,
"난 안 해. 영감이 알아서 해!"
두고 보자는 식으로 그런 말만 남기고 거실을 나가버렸다.

"뭐라도 좀 먹어야 하는데. 배는 안 고프고, 뭘 먹고 싶은지도 잘 모르겠구나."

그렇게 식탁 앞에 멍하게 앉아 있는 아버지를 향해,

"자기가 뭘 먹고 싶은지도 모르다니, 이제 영감도 끝났수."

라며 어머니는 식탁 위를 천천히 치우기 시작했다.

오랜만에 목욕물에 들어가 "아, 개운하다"라고 만족스러워하는 아버지의 등을 내가 목욕 타월로 닦아드리고 있는데 어머니는 마치 심술궂은 어린아이처럼,

"어이구, 이렇게 비쩍 곯았는데도 잘도 살아 있구려."

라며 깜짝 놀랄 만한 말을 아무렇지도 않게 했다.

대체 어떤 심리가 작용하는지는 알 수 없지만, 어머니의 아버지에 대한 공격은 매일 점점 더 심해지기만 한다. 그것도 이미 골치가 아픈데,

"내가 ○○을 해줬는데, 아무도 고마워하지를 않는구나!"

이런 식으로 나오니, 대체 얼마나 고마워하라는 건지!

어머니의 생색은 나날이 심해질 뿐이다.

혹시 어머니는 어린 시절에 심하게 욕구가 충족되지 못한 게 아닐까. 애정에 굶주려 있는 게 아닐까. 지워도 지울 수 없는 열등감을 품고 살아온 게 아닐까…. 나는 종종 그런 생각을 하지만, 물론 그 진상은 알 수 없다.

골든 위크가 끝난 평온한 일요일, 어머니는 외출하고 싶어서 몸이 근질거렸나 보다.

"너만 외식하니? 나도 좀 데리고 가."

어머니가 귀가 따가울 정도로 보챘다.

마치 한 번 시작하면 죽도록 말을 안 듣는 어린아이와 똑같다. 내 사촌 자매의 큰아들이 요리장으로 일하는 예스러운 민가 느낌의 레스토랑으로 모시고 간 것까지는 좋았으나….

간이 담백한 나물무침이 나오면 맛이 밍밍하다, 갓 튀긴 가지가 나오면 너무 뜨거워서 못 먹겠다, 아주 그 자리 분위기를 망치는 말을 큰 소리로 떠들었다.

말을 꾹 참는 법을 모르는 어머니를 향한 짜증을 억누르고 식사를 계속하고 있자니,

"아, 틀니가 빠졌네."

입가가 쪼글쪼글해진 노파가 어리둥절한 목소리를 냈다.

뭐…?!

젓가락질을 멈추고 어머니 시선 끝을 따라가 보니, 틀니가 테이블 위에 툭 떨어져 있는 게 아닌가!

개별실로 자리 잡길 잘했지.

정말 이게 뭐야!

나는 뭉크의 〈절규〉처럼 얼굴을 일그러뜨리며 허공을 쳐다봤다.

어머니를 반면교사로 삼으리라.

다시는 어머니를 데리고 외식 따위는 않겠다고 다짐하면서, 어머니와 DNA가 이어져 있는 나는 이날 그 어느 때보다도 내 자신의 노후를 걱정하지 않을 수 없었다.

돌봄에 지쳐서…

 자식이, 손주가, 배우자가 돌봄에 지쳐 결국 극단적인 선택을 하고 마는 슬픈 사건이 끊이지를 않는다. 돌보는 쪽, 돌봄을 받는 쪽, 어느 하나가 나쁘다는 건 아니지만, 돌봄이 얼마나 힘든 일인지 실제로 해본 사람이 아니고서는 그걸 이해할 길이 없다.
 그뿐만 아니라 '가정의 일은 가정 안에서' '가족을 챙기는 건 당연하다'라는 오랜 가치관이 돌보는 사람을 괴롭히고 궁지로 내모는 게 아닐까 하는 느낌마저 든다.

 간병 살인이라는 안타까운 사건 중에서도, 2019년 10월 당시 22세였던 여성(손녀딸)이 고베시의 자택에서 할머니(당시 90세)를 돌보다가 그 입에 타월을 쑤셔 넣고 질식시켜 살해한 사건이 있었다. 그 사건 배경의 복잡함 때문에, 정말로 해결 방법이 없었던 걸까 하고 여전히 기억에 선명히 남아 있다.

돌아가신 할머니에게는 세 명의 자녀(이 여성의 큰아버지, 아버지, 고모)가 있었음에도, 노인을 돌보는 건 손녀딸인 이 여성 혼자 다 해결했다고 한다.

이 여성이 어릴 때 부모님은 이혼했고(어머니는 여성이 초등학교 1학년 때 타계), 아동 양육시설에 들어간 여성을 데리고 와 키워준 사람이 친조부모였다. 할머니의 손에 큰 여성은 전문대에 진학. 졸업 후에는 유치원 교사로 일하기 시작한다. 그 시기에 할머니가 알츠하이머형 치매 진단을 받고, 돌봄이 필요하게 된다.

"할머니가 학비 다 대주셨으니까 네가 돌봐드려라."

친척의 이 한마디로 인해 할머니를 돌보는 건 이 여성이 맡게 됐다.

유치원에서 일하게 된 것도 아직 얼마 되지 않은 22세. 익숙하지 않은 업무를 처리하면서, 툭 하면 동네 배회까지 하여 24시간 눈을 뗄 수 없는 할머니를 돌봐야 하니 이 여성이 정신적으로도, 육체적으로도 상당한 부담을 느꼈음은 쉬이 짐작된다.

그뿐만 아니라, 내가 이 책의 집필에 쫓기고 있던 2022년 8월 13일, 효고현의 JR 히메지역의 북쪽 역 앞 광장에서 몇 년 전부터 고령의 부모님을 돌보던 55세의 남성이 분신자살했다는 가슴 아픈 뉴스가 전해졌다.

긴급 이송 중에 이 남성은 '사는 게 힘들어서 내 몸에 불을 붙였다'라고 했으며, 다른 현에 사는 누나에게 '돌보는 것도 지쳤다'라는 말도 했다고 한다.

인간과 인간이 서로 적나라하게 부딪히는 것이라고도 할 수 있는 노인 돌봄. 혼자서 다 끌어안으면 누구든 금방 심신이 망가지고 만다.

'세금도, 개호 보험료도 내고 있으니까 제삼자의 서비스를 받아도 돼.'

'우선 전문가한테 상의 좀 해봐.'

'무리해 가면서까지 돌볼 필요는 없어.'

누군가가 그렇게 말해주기라도 했다면 다른 결말이 기다렸을지도 모른다.

두 사건 모두 참으로 슬프기 이를 데 없다.

*

코로나 신규 감염자 증가율이 감소하기 시작하자 이모부가 들어가 있던 요양원도 30분 면회가 허락됐다.

"다음 주 금요일 3시 반에 이모부한테 갈 테니까, 봄에 입을 옷으로 서너 세트 준비해 주세요."

이모한테 면회일 일주일 전에 그렇게 말한 후 확인하러 가 보니,

"그 옷으로 가져가시려고요?"

이모가 속옷과 폴로 셔츠 같은 것을 준비해서 기다리고 있었다.

다만… 속옷과 잠옷은 형태도 망가져서 늘어져 있고, 폴로 셔츠 옷깃은 땀이 스며 누렇다. 아무리 시설 안에서만 입는 옷이라고 해도 좀 깔끔한 것을 들고 가야 하지 않겠는가.

얼른 쇼핑몰까지 차를 내달려, 위아래로 네 세트를 사서 이모가 준비했던 옷과 바꿨다.

그리고 이튿날, '반년 만의 감동의 대면!'은 이루어지지 않았다.

"점심은 뭐 먹었어? 오늘 메뉴는 뭐였는데?"

"목욕은…? 목욕은 일주일에 몇 번 해?"

이모가 여러 질문을 했지만, 이모부는 이 시간이면 낮잠 잘

시간인 모양이다.

크게 하품만 해서 이모를 실망하게 했다.

"이제 시간 다 됐습니다."

요양원 직원의 재촉이 들렸다.

"그럼 이모부, 또 올게요."

"여보, 나 이만 갈게."

나와 이모가 일어나도 이모부는 "그래, 조심히 가"라고 말하며 간식으로 가져다준 센베이 과자만 아작아작 먹고 있을 뿐이었다.

"문 앞까지 배웅이라도 할 줄 알았는데, 센베이 먹느라 그럴 마음도 없나 봐."

떨어지지 않는 발걸음을 옮기며 겨우 요양원을 나선 이모가 쓸쓸한 듯 그렇게 중얼거렸다.

나는 사실 '나도 집에 갈래' '날 데리러 온 거야?'라는 말이 나오는 게 아닐까 불안하던 참이었는데, 결국 그것도 기우로 끝났다.

월 30만 엔 든다는 입소 비용은 공적 개호 보험 등을 이용한 덕분에 20만 엔 이내로 줄일 수 있었다. 이모부가 받는 공적 연금과의 차액은 약 15만 엔. 당분간은 이모부가 노후 자금으로 저축한 예금으로 버틸 만하다.

'혼자서는 외롭다'라고 해도 혼자 사는 데 익숙해졌는지, 이모는 데이 서비스를 받으면서 알아서 잘 지내고 있다.

이모부가 실금할 때마다 이모가 날카롭게 소리부터 지르던 시절, 그리고 이모부의 치매가 더욱 심해졌을 때를 돌이켜보면 이제는 그래도 어느 정도 상황 수습이 되지 않았나. 마지막까지 자기 집에서 지내는 게 좋다는 고정관념에 사로잡힐 필요가 없는 듯하다….

모든 것을 다 받아들인 이모부의 온화한 표정을 본 나는 어딘지 모르게 안심하는 동시에 새삼 그렇게 생각했다.

돌봄으로 고생한 사람은
장례식장에서 울지 않는다

"대체 언제쯤 저 고집 센 어머니한테서 해방될 수 있을까?"

기분 전환으로 찾아간 카페에서 동급생에게 그런 푸념을 털어놓자,

"그 심정 이해해. 우리 시어머니는 작년에 돌아가셨는데, 마지막까지 고맙다는 소리는 절대로 안 하는 고집불통이었거든."

하고 크게 공감해 주었다.

"우리 어머니도 고맙다는 소리는 절대로 안 하는 사람인데, 네 시어머니도 그랬구나."

"맞아, 결혼하고 나서 시어머니한테 고맙다는 말을 들어본 적이 없다니까."

"너도 힘들었겠다."

나는 그렇게 중얼거리며 시선을 밖으로 옮겼다.

"시어머니가 돌아가시기 두 달 전이었나? 간병 도우미한테 결국 내 속을 털어놨잖아. '이제 더는 못 버티겠다'라고. 그랬더니 그분이 '실제로 돌봄 경험을 해본 사람은 장례식에서 울지 않죠'라고 하더라. 정말 그 말이 맞겠다 싶었어. 주변 사람들이 못된 며느리라고 생각할지 모르겠지만, 그래도 나름대로 최선을 다했고 슬픔보다는 안도감이 더 큰 건 사실이잖아."

"그래, 오히려 안도감이 앞서겠네."

나는 크게 고개를 끄덕였다.

"간사이 지역으로 시집을 간 우리 시누이는 멀리 사니까 어쩔 수 없긴 하지만, 1년에 한 번밖에 얼굴을 못 보거든. 누워서 지내게 된 후의 시어머니 상태를 몰랐으니까, 장례식 때 시누이는 '엄마, 엄마'하고 관에 매달려 막 오열하는 거야. 그걸 보고 '종이 기저귀를 갈아줘도 고맙다는 소리 한 번 안 한 사람이야. 그걸 매일 묵묵히 한 내 심정을 너는 아니?'라고 말해주고 싶었다니까."

친구의 심정이 뼈저리게 느껴졌다.

"사실은 요양원에 보내드리고 싶었는데 '내 집이 있는데 왜 그런 곳에 가야 해?'라느니 '고생해서 키워놨더니 아들이나 며느리나 날 버릴 생각이나 하고'라고 막 화를 내시잖아. 몸은 가눌 수도 없으시면서 마지막까지 입은 살아 있더라."

"그러니 눈물이 안 나지."

"그치?"

결국 마지막에는 우리 둘이 마주 보며 쿡쿡 웃음을 터트렸다.

나는 어떨까…. 늙으신 부모님과 이모부, 이모가 이 세상을 떠나는 날을 머릿속으로 그려본다.

아마 내 친구처럼 우선 안도감부터 들 것이다. 아니, 오히려 드디어 임종을 지켰다며 만세삼창을 부를지도 모른다.

앞서 언급했던 것처럼, 부모님과 동거하기 전까지만 해도 나는 내 멋대로 배변이나 목욕 수발이 제일 힘들 거라는 생각만 했다.

그러나 실제로는 제대로 된 의사소통이 되지 않는 것에 짜증이 나고, 틈만 나면 기선 제압부터 하려 드는 어머니라는 존재가 무거워서 견딜 수가 없다.

돌이켜보면 회사 다닐 때도 업무 그 자체에 대한 부담이나 바쁜 일정으로 인한 피로감보다는, 복잡한 인간관계가 더 스트레스의 원인이었다.

'인간의 뇌를 가장 힘들게 하는 것이야말로 인간관계다'.

전에 읽었던 책에도 그런 문구가 있었다.

'가족돌봄청년(young carer)'이라고 불리는 청년들은 또 어떨지 몰라도…, 오랫동안 사회 경험을 쌓고 나름대로 많은 일을 겪은 나로서는 어느 정도 바쁜 것도, 배변 등 물리적인 작업도 요령 있게 하면 허용할 수 있는 수준이다. 그러나 무슨 말을 해도 공격적으로만 반응하는 어머니를 받아들이는 것만은 아무리 애를 써도 쉬운 일이 아니다.

이런 상태가 오래 이어지면 짜증은 완전히 혐오감으로 변질될 것이고, 결국 미움만 남은 채 어머니가 세상을 떠나는 것을 지켜보게 될 수밖에 없다.

평소 많은 노인을 대하면서 단맛 쓴맛을 다 경험한 간병 도우미한테 '실제로 돌봄 경험을 해본 사람은 장례식에서 울지 않죠'라는 말을 들을 정도로 부담을 강요당하는 노인 돌봄. 그런 입장에 처했을 때 당신은 자진해서 그 역할을 도맡을 수 있을까.

'실제로 돌봄 경험을 해본 사람은 장례식에서 울지 않는다.'

이상론이나 가족애로는 결코 극복할 수 없는 돌봄의 어려움이 뼛속까지 느껴지는 말이 아닐까.

이 책을 집필하던 중에 중고등학교 시절의 친구 어머님이 93세로 세상을 떠나셨다. 치매 발병으로 노인 요양시설에 들어간 지 7년. 요양원 비용, 딸과 아들이 면회를 가도 알아보지 못할 정도로 심해진 치매 등에 관한 이야기를 늘 들어서, 부고를 들었을 때 나는 '친구가 이제 안심하겠구나' 하는 생각부터 들었다.

원래 같으면 '상심이 크시겠습니다…'라는 위로의 말부터 해야겠지만, 늙으신 부모님에 대한 형언할 수 없는 복잡한 감정을 공유한 사이끼리 그런 말도 어쩐지 가식적인 것 같고, 뻔뻔한 느낌마저 들었다.

생각하면 할수록 '이제 마음이 좀 놓이겠네. 고생 많았어'라는 말 이외에는 머릿속에 떠오르지 않았다.

90세 넘게 천수를 누렸으니 그야말로 호상이다.

'어머님도 이제 편안하실 거야. 고생 많았어.'

내가 그렇게 메시지를 보내자,

'응, 충분히 오래 사셨어'라고 바로 답이 왔다.

제아무리 과학이 발달하더라도 생로병사만은 마음대로 되지 않는다.

'이제 지쳤어. 살아봤자 따분할 뿐이야.'

'보고 싶은 사람도, 하고 싶은 일도 이제 없어.'

'오늘은 머리가 멍해서, 내가 일어났는지 자고 있는지도 모르겠어.'

그렇게 중얼거리면서도, 배변 처리나 목욕 도움까지 받으면서도, 실컷 고집만 부리고 의외로 꿋꿋이 살아가는 아버지의 모습을 곁에서 지켜보면, 내 마음대로 되지 않는 인생을 죽을 때까지 살아가는 것이 바로 인간이며 그래서 더 골치 아프다는 사실을 매일 느끼게 된다.

우리는 어떻게 나이 들어갈 것인가

   인생 마지막을 맞이하고 있는 부모님과 이모 부부와 함께 하는 생활은 인간이면 누구나 피할 수 없는 노화를 목격하는 나날이며, 인간이 죽음을 향해 가는 과정과 대치하는 나날이기도 하다.

   거기에 희망이 있느냐고 묻는다면, 현실은 그리 쉽지 않다고 대답할 수밖에 없다.

   누워서 거동을 못 하는 상태까지는 아니더라도 치매 증상이 드러나기 시작하는 노인을 돌보다 보면, 자신이 인식하는 것 이상으로 스트레스와 피로가 누적되어 간다.

   이미 몇 번이나 말했듯, U턴 이주를 한 본가가 내가 태어나 자란 고향이라 시내에는 함께 자란 동급생들이 많이 살고, 그들 역시 나처럼 나이 많은 부모를 모신다.

요양원 비용을 누가 어떻게 마련했는지 등의 생생한 이야기부터, 돌봄을 경험한 적이 없는 사람은 절대로 밝히지 못하는 세세한 일까지 그들과 이야기함으로써 마음이 조금은 편해진다.

도쿄에 살던 회사원 시절부터 계속했던 조깅도 기분 전환을 위해서는 절대로 빼놓을 수 없다. 혼자 묵묵히 해안 길을 따라 뛰면서 마음을 가다듬고, 몸에 쌓인 짜증이나 분노를 쫓아낸다. 맹렬히 더운 여름도, 찬 바람이 몰아치는 겨울도 땀을 흘린 후 샤워하면 어느 정도는 그러려니 넘어갈 수 있게 된다.

'노인들은 그들 나름의 고집과 생각이 있으니 넓은 마음으로 지켜봐 주세요.'

'누구든 다 그렇게 늙으니 잘 대해주세요.'

그런 말을 하는 사람도 있지만….

인간성을 시험하는 듯한 그런 이야기를 아무리 그럴듯하게 늘어놓아도, 결코 쉬운 일이 아니기 때문에 모두가 골머리를 앓고 있는 것이다. 하물며, 자신의 생활이나 노후 자금까지 위협받을 정도로 돈 문제가 얽혀 들어오니, 넓은 마음을 가질 수 있을 리가 없다.

사람마다 처한 상황도, 사고방식도, 경제 사정도 다 다르겠지만, 감정에 휘둘리지 말고 개호 보험이나 복지 서비스 등 이용할 만한 것은 적극적으로 활용하면서 잘라낼 것은 단호하게 잘라내고, 마치 자신이 늙었을 때를 대비한 예행연습의 마음가짐으로 임하지 않으면 끝이 보이지 않는 돌봄을 계속해 나갈 수 없다.

부모님과 이모 부부 때문에 내가 좋아하는 여행도 마음대로 못 간다. 그러면 내 시간과 인생을 희생하고 있다는 부정적인 감정이 가슴 속에 진흙처럼 쌓여서 나중에는 '더는 못 해, 이제 진짜 못 해 먹겠어!'라고 대폭발할 수밖에 없다.

그래서 나는 기분 전환을 위한 여행도, 미술관이나 연극 관람도 주저하지 않고 즐기러 나간다.

돌봄을 하게 됐어도 결코 그들에게 얽매이지는 않을 것이다. 노를 놓지 않고, 내 배는 내가 계속 저어 나갈 것이다. 그들을 다소 냉정한 시선으로 바라보며, 케어 매니저의 지혜를 빌리고, 돌봄 서비스를 잘 활용하면서, 앞으로도 고된 나날을 나름대로 살 이어 나길 생각이다.

그들로부터 해방되는 날을 손꼽아 기다리면서….

"한동안 안 보여서 걱정했어."

추정 나이 83세의 할아버지가 나한테 말을 건다.

어디 사시는지, 누구인지도 모르는 이 할아버지와 나는 고향으로 이주한 후부터 조깅 중에 마주칠 때마다 서로 인사하는 사이를 꾸준히 유지하고 있다.

뉴욕 양키스 모자를 쓰고 크게 손을 흔들며 걷기 운동을 하는 모습을 멀리서 보고 있으면, 희한하게도 나까지 기운이 생긴다. 그리고 점차 할아버지의 모습이 커지면서 내가 손을 흔들면 그분도 기쁘게 손을 흔들어준다.

"안녕하세요!"

"그래, 좋은 아침이야."

요즘 부모님과 이모부, 이모 일이 겹쳐 조깅 시간이 불규칙해지는 바람에 한동안 할아버지를 만나지 못했는데, 그분이 설마 그것까지 염려해 주실 줄이야.

옷깃만 스쳐도 인연이라는 게 바로 이런 것인가 보다.

어쩌면 집에서는 우리 아버지보다 더 성미가 급할지도 모르고, 어머니보다 더 얄미운 소리만 해대서 가족들의 성질을 긁을지도 모르지만….

거의 매일 정해진 시간에 혼자 묵묵히 등을 꼿꼿이 세우며 걷는 모습이나, 가드레일에 손을 대고 스트레칭하는 그 모습을 보면 '그래, 나도 힘내자!'라며 마음을 다잡게 된다.

떠나는 새는 뒤를 어지르지 않는다.

나는 그런 기개를 가지고 늙어가고 싶지만, 훗날 내가 어떤 노인이 되어 있을지는 당연히 알 수 없다. 얄밉게 구는 할머니가 돼서 주변 사람들에게 민폐만 끼칠지도 모른다.

치매는 고령 노인의 5분의 1이 발병한다고 한다. 예방에 주의는 기울이고 있지만, 이상한 것 같으면 얼른 치료하거나 적절한 약을 처방받는 등, 최대한 할 수 있는 일은 다 해볼 요량이다.

수명 100세 시대, 이상적인 죽음은 잠들듯 조용히 세상을 떠나기! 그러나 그렇게 삶을 마칠 수 있는 사람은 극히 일부다. 아니, 정말 손에 꼽을 정도일 것이다.

자립 생활을 할 수 없게 되었을 때, 도대체 어떻게 해야 할까….

저출산과 고령화가 놀라울 만큼 빠른 속도로 진행되고 있는 일본.

누구나 자기 일로 생각하고, '우리는 어떻게 늙어살 것인가'라는 크나큰 주제와 진지하게 마주해야 하지 않을까.

에필로그

1970년의 일본인 평균 수명은 남자가 69세, 여자가 74세였다고 하니, 최근 50년의 평균 수명 증가는 가히 경이적이라 할 만하다.

평균 수명의 증가는 과연 우리에게 행복일까….

요즘 자주 그런 생각이 든다.

서른 살부터의 30년과 예순 살부터의 30년은 같은 30년이라도 보이는 풍경도, 생각도, 들리는 목소리도 전부 다른 것일까…. 이것만큼은 직접 경험해 보지 않고서는 알 수가 없다.

지금까지 이렇게 오래 산 세대는 없으니까, 여러 정책과 사회보장 제도가 고령 인구를 잘 따라가지 못하는 것도 어쩔 수 없긴 하다. 단카이 세대가 모두 75세 이상의 후기 고령자가 되는 2025년을 눈앞에 두고 있는 지금, 우리가 더는 태평하게 기다려달라고 할 수 없는 상황에 놓였다는 건 틀림없는 사실일 것이다.

애초에 인간이라는 생명체가 이렇게 오래 살도록 만들어진 것일까.

그런 생각까지 하면서 저녁 식사 준비를 하기 위해 아래층으로 내려가니,

"할멈 뭐 하는 거야? 아, 넘어졌네…."

맥 빠진 듯한 아버지의 목소리가 거실에서 들려왔다.

넘어졌다는 한마디가 귀에 들어와 서둘러 거실로 가니, 어머니가 방석 위에서 판다처럼(판다의 귀여움과는 거리가 멀지만) 데굴데굴 구르고 있다.

무슨 일이든 과하게 난리를 치는 어머니가 가만히 있는 걸 보니 별것 아닌 모양이다.

"할멈이 넘어졌어, 할멈이 넘어졌어."

겸연쩍은 얼굴로 무릎을 문지르는 어머니 옆에서, 아버지는 평소에 지기만 했던 억울함을 떨치기라도 하는 듯한 기세로 즐거워했다.

"뭐야, 넘어졌어요? 아파요?"

내가 혹시 몰라 물어보니 드세기만 한 노모는 "아프지 않아"라고 바로 대답했다.

그러면서 "오늘은 목욕 안 할 거야"라며 바지 옷단을 걷어 스프레이 파스를 뿌리기 시작했다.

'아무래도 안 되겠다. 나 좀 병원에 데리고 가라.'

보나 마나 내일 아침이면 십중팔구 그렇게 말할 것이다.

나는 한숨을 쉬며 부모님 곁을 떠나, 늘 그랬듯 담담히 저녁 식사 준비에 돌입했다.

만약 이게 소설이라면 깜짝 놀랄 만한 결말이 기다리고 있을지도 모르고, 어쩌면 감동적인 장면에서 끝날지도 모르지만… 현실은 그렇지 않다.

늙으신 부모님에 이모와 이모부까지 더해, 골치 아플 정도의 야단법석인 나날은 여전히 무엇 하나 해결되지 않은 채 현재진행형이다.

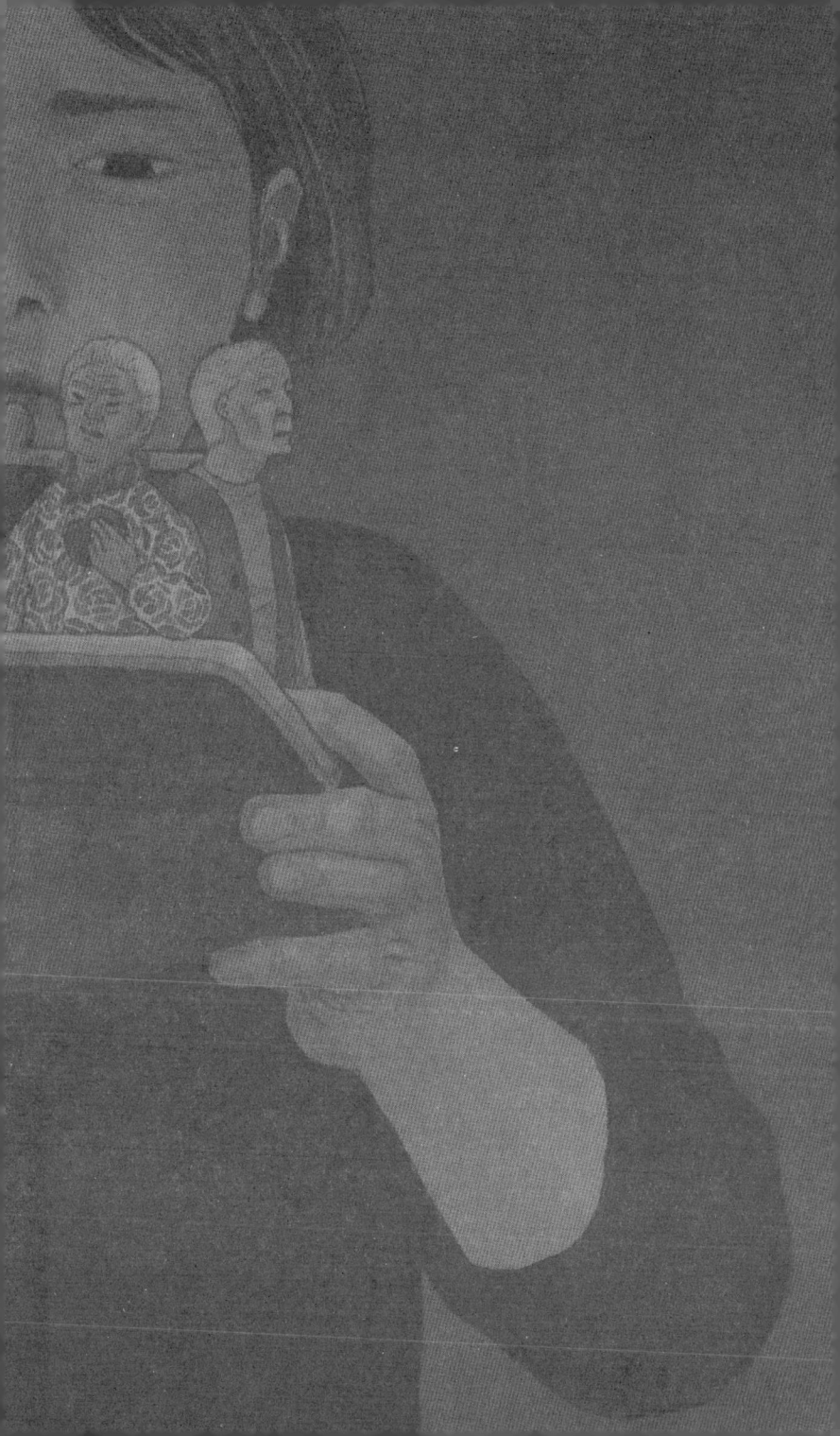

수명이 다하느냐, 돈이 다하느냐, 그것이 문제로다!
공감으로 고개가 절로 끄덕여지는 돌봄 에세이

발행일 | 2025년 7월 15일
지은이 | 코가지 사라
옮긴이 | 김진아
펴낸곳 | 윌스타일
펴낸이 | 김화수
출판등록 | 제2019-000052호
전화 | 02-725-9597
팩스 | 02-725-0312
이메일 | willcompanybook@naver.com
ISBN | 979-11-85676-82-1   03830

* 잘못 만들어지거나 파손된 책은 구입하신 곳에서 바꿔드립니다.